Nah am Wasser

Anton Hunger

Nah am Wasser

Geschichten

KLÖPFER&MEYER

Das Leben besteht nicht nur aus Glücksmomenten. Es ist ein großer Irrtum zu glauben, Lebenskunst bestehe darin, sich das Leben leicht zu machen. Kunst, auch Lebenskunst, ist anstrengend.

Wilhelm Schmid, Glücks- und Lebensphilosoph

Inhalt

Frühstück mit Kormoranen

Duftender Hochland-Kaffee, frische Brötchen, Wurst, Käse, Marmelade – und ein Vier-Minuten-Frühstücksei. Die Unterhaltung ist dürftig. Der Fernseher läuft. Kormorane, die sich im Frühjahr um die besten Brutplätze auf den Klippen balgen. Der frühe Vogel nistet oben. Und wenn er seine Notdurft verrichtet, stellt er sich achtern auf den buschigen Nestrand. Unten brüten die Kormorane, die keinen Platz an der Sonne erwischt haben. Sie sitzen in der Scheiße. Interessant, denkt Rita. Vielleicht braucht sie den Fernseher zu Hause bei Anna morgens nur deshalb, weil er ein Gespräch nicht wirklich zulässt. Rita schaltet auf einen anderen Sender. Eine langweilige Runde älterer Damen beim Gespräch über Häkeln und Kneten.

»Was soll das?« Anna ist ungehalten. »Du schaust dir Handarbeitssendungen an, obwohl du gar nicht mit Nadel und Wolle umgehen kannst.«

»Na und?«, gibt Rita zurück, »du schaust dir ja auch Sexfilme an, obwohl …«

Anna schaltet den Fernseher aus. Da sie nun schon mal miteinander reden, beichtet Rita ihrer Mutter, dass sie ihren Urlaub mit dem Vater in Miami verbringt.

»Aha. Deshalb bist du heute zum Frühstücken gekommen.« Es ist dieser vorwurfsvolle Unterton in Annas Stimme, den Rita so hasst und weswegen sie immer weniger mit Anna zu tun haben will.

Anna und Alfred leben seit Jahren getrennt. Rita lebt »in der Mitte«, wie sie das nennt. Sie weiß, dass Anna das skurrile Wesen von Alfred, dem Schürzenjäger, eines Tages nicht mehr ertragen hat. Sonntags die Harley reiten, montags nach Büroschluss die gediegene Alt-Yamaha ausfahren, dienstags bis in die Puppen in der Redaktion schuften, mittwochs Skat spielen bis in den frühen Morgen, donnerstags ausschlafen, weil die Wochenzeitung donnerstags erscheint und in der Redaktion gähnende Leere herrscht. Ab Freitag wieder Präsenzpflicht – in der Redaktion.

An einem Freitag war es, als er die neue Kollegin kennenlernte. Rita kennt die Geschichte aus der Perspektive beider Eltern. Eine bildhübsche, langbeinige, zigarrenrauchende Amerikanerin. So etwas wie ein Solitär. Ausgerechnet im prüden Mittleren Westen aufgewachsen und ständig mit einer brennenden Cohiba aus Fidel Castros Kuba zwischen den Lippen. »Das ist in der Summe so ziemlich einmalig«, sagt Alfred. »Vor allem, wenn das verwaschene Che-Guevara-T-Shirt schon so eingelaufen ist, dass die Nippel dem Revolutionär die Augen auszustechen drohen«, sagt Anna.

»Dass du mit deinem Vater in Urlaub fährst, ist für mich nicht das Problem«, bemerkt Anna beiläufig. Das Problem sei Marylin, diese Amerikanerin. Es sei aber nicht ihre Herkunft. »Ich bin weder fremdenfeindlich noch rassistisch«, betont Anna in strengem Ton. Aber diese zigarrenrauchende Amerikanerin auf einem Fischerboot vor Miami mit ihrer gerade erst 18jährigen Tochter und ihrem Filou von Ehemann – das liege ihr wie ein Stein im Magen. Gerade jetzt beim Frühstück. Das Vier-Minuten-Ei rührt sie erst gar nicht an.

Rita ergreift die Gelegenheit und verabschiedet sich: »Mach dir keine Sorgen, ich habe den Alten und seine Flamme im Griff.«

»Ich wünsche es dir. Pass auf dich auf. Und vielleicht ja auch auf die beiden.«

Rita gibt ihrer Mutter einen Kuss auf die Wange – und fährt mit dem Taxi zum Flughafen. Alfred zahlt alles, er ist schon einige Tage früher geflogen.

Flug LH 461 startet pünktlich. Zehn Stunden später betritt Rita den Boden von Florida. Am Ausgang warten Alfred und Marylin. Keine Zigarre im Mundwinkel. Ihre weiße, weite Leinenbluse und die engen Jeans formen sie zu einer prachtvollen Erscheinung.

Am Kai des Fischereihafens verstaut Marylin wenig später, eine brennende Robusto zwischen den Lippen, die Wasserflaschen und den Rotwein in der Pantry. Chardonnay, Aquavit und die üppige Verpflegung mit Schrimps, Schinken, Salaten und Hot Red Chili Pepper Sauce steckt sie in den Kühlschrank. Sie ist gut beschäftigt und bekommt nicht mit, wie Alfred mit dem drallen Mädchen vom Bootscharterer flirtet. Rita klettert an Bord, inspiziert die an der Reling aufgereihten Angeln – und beobachtet ihren schäkernden Vater.

Die Sonne brennt vom blauen Himmel, ohne Kopfbedeckung wäre es nicht auszuhalten. Die Brise und der Fahrtwind machen den Törn einigermaßen erträglich. Alfred steuert das Boot, bis sie die Stelle erreichen, wo Marylin die Fischschwärme vermutet. Kleine Fische kommen an die Angelhaken, Rita ekelt sich ein bisschen. Aber Marylin und Alfred macht es offensichtlich Spaß, die zappelnden Fischlein aufzuspießen.

Es vergehen Stunden ohne auch nur den kleinsten Fang. Alle starren vor sich hin. Marylins Zigarre dampft. Der Geruch ist angenehm würzig. Rita döst und genießt die Langeweile. Dass sie ihren iPod vergessen hat, macht ihr nichts aus. Komisch. Alfred tuckert weiter, er sucht eine erfolgversprechendere Stelle. Die Skyline von Miami Beach verwischt am Horizont.

Da zuckt die erste Angel – ein Barracuda? Ein Hai? Ein Schwertfisch? Es wird ein langer Kampf mit dem Tier, das in seiner Todesangst unvorstellbare Kräfte entwickelt. Marylin hat die brennende Robusto ins Wasser geworfen. Rita ist hellwach. Der alte Mann und das Meer, irgendwie Hemingway eben. Alle drei ziehen an der Angel, ziehen an Alfred, der die Angel in einer Gürtelvorrichtung mit einem speziell dafür vorgesehenen Lederbecher stecken hat. Die Hitze, die Anstrengung, der rutschige Schiffsboden – die Beute am Angelhaken scheint die Verzweiflung der Hobbyjäger zu spüren. Sie gibt nicht nach. Immer wieder muss Alfred Leine lassen, damit die Angelschnur nicht reißt. Und endlich, nach einer Ewigkeit, liegt der Schwertfisch auf dem Deck des Fischerbootes und schlägt wild um sich. Der Schweiß rinnt den Fischern von den Häuptern, strömt die Rücken hinunter bis ans Gesäß und füllt die Bikinioberteile der beiden Frauen mit heißem, körpereigenen Salzwasser. Sie umarmen sich, alle drei.

»Was sollen wir mit dem Riesenungeheuer?« Alfred ist so ratlos wie stolz.

»Stopf es aus und häng es dir übers Bett«, frotzelt Rita.

Marylin meint, dass das Fleisch dieser Trophäe sehr gut schmecke, aber ausnehmen wolle sie den Fisch dann doch nicht. Für Alfred ist klar. »Dann geben wir ihn seinem Element zurück.«

Alle drei greifen beherzt zu. Kaum spürt der Fisch Wasser zwischen den Kiemen, hat er seine Lebensgeister wieder. Ein harter Schlag mit der Schwanzflosse, mit der er die drei Jäger nass spritzt, ist sein letzter Gruß. Es war ein Abenteuer. Nur für ihre hungrigen Mägen am Abend in ihrem Ferienhaus haben sie nichts, wenn sie nicht den Bordkühlschrank leeren wollen. Es bleibt der Gang zu den Kühltruhen im Supermarkt.

Am nächsten Morgen. Nach dem Frühstück geht es im offenen Chrysler Sebring wieder zum Hafen. Alfred hat es eilig, obgleich doch der ganze Tag noch vor ihnen liegt. Rita hat vom gestrigen Ausflug einen satten Sonnenbrand im Gesicht und an den Armen und Beinen. Bei Marylin reicht es immerhin zu einer unangenehmen Rötung. Sie haben ganz offensichtlich mit dem Sonnenschutz gegeizt. Nur Alfred ist schmerzfrei. Sie hätten gestern nicht über ihn lästern sollen, als er sich mehrfach händevoll die weiße Sonnenmilch in die Körperporen gerieben hat. Jetzt lästert er. Rita lässt sich nicht anmerken, wie sehr ihr Körper schmerzt.

Das Boot wird bepackt, alle fassen mit an. Irgendwie weiß jeder, was er zu tun hat. Rita fällt auf, dass sich das Mädchen vom Charterer wieder in der Nähe aufhält. Sie ist eine passable Erscheinung, kaum älter als sie selbst, immer lächelnd, wirkt sexy, auch wenn sie etwas zu klein geraten ist. Keine Frage, Marylin ist attraktiver. Allein die Körpergröße und die ellenlangen Beine. Das wirkt elegant. Wäre da nicht die blöde Zigarre. Doch für Alfred muss es offensichtlich dieses Markenzeichen sein. Das, was nicht jede hat. Schaut sie euch an, ist sie nicht einmalig?

Den zweiten Tag auf dem Wasser gehen sie gemächlicher an. Rita und Marylin suchen weniger das Glück an der Angel als den wohltuenden Schatten in der Kajüte. Sie dösen viel und reden wenig. Alfred holt drei prächtige Exemplare aus dem Wasser, die für ein üppiges Abendessen reichen sollten. Die Jagd ist nicht schweißtreibend, die Kräfte können geschont werden, wenn nur der grelle Planet nicht so erbarmungslos brennen würde. Am Abend hat jedenfalls auch Alfred einen Sonnenbrand trotz seiner üppigen Schmiererei.

Marylin nimmt die Fische im Garten ihres Ferienhauses aus, würzt sie und legt sie auf den Grill. Rita versucht sich an den Salaten. Alfred pflegt im Liegestuhl seine brennende Haut, nippt hin und wieder an einem Glas Weißwein und schaut den beiden bei der

Essenszubereitung zu. Das Abendmahl ist ein Genuss, Marylin macht das perfekt, das weiße Fleisch der Fische ist gar und fest. Rita gesteht, selten so etwas Wunderbares am Gaumen gespürt zu haben.

Nach dem Essen erfasst die beiden Frauen eine große Müdigkeit. Der Fisch, die Sonne, der Wein. Marylin will nicht mehr viel wissen und sucht nur noch das Bett. Rita würde es ihr am liebsten gleichtun, wenn, ja wenn Alfred nicht plötzlich sagen würde, dass er sich noch die Füße vertreten wolle. Bei Rita klingeln die Alarmglocken. Heimlich schleicht sie ihm nach. Sie entdeckt ihren Vater in einem Straßencafé – mit dem Pummelchen vom Bootscharterer. Rita hat es geahnt – und ist dennoch wie versteinert. Sie verwünscht Alfred: Noch verheiratet mit Anna, einfühlsam vereint mit Marylin, und nun flirtend mit einer anderen. In einem Moment, in dem er Marylin und Rita tief schlafend wähnt. Und noch dazu mit einer, die weder Anna noch Marylin das Wasser reichen kann.

Beim gemeinsamen Frühstück am anderen Tag stellt Rita ihren Vater – vor Marylin: »Na, wie war's gestern Abend im Straßencafé?« Sie blickt ihn bohrend an, er schaut etwas verlegen zurück.

»Wie soll's wohl gewesen sein, schön natürlich. Und eine nette Unterhaltung hatte ich auch.« Man sieht ihm an, dass er es weiß: Rita ist mit einer solchen Antwort nicht zufriedenzustellen. Ob er sich jetzt ärgert, dass er Rita gebeten hat, mit ihm und Marylin nach Miami zu reisen? Aber es ist zu spät. Rita ist nun mal da – und sie hat ihm hinterherspioniert. Und jetzt spielt sie den Moralwächter. Es macht ihr Spaß. Bestimmt glaubt er, sie erledige einen Auftrag ihrer Mutter. Soll er ruhig. Alfred brütet in sich hinein. Vermutlich denkt er sich eine Geschichte für Marylin aus. Was der Pummel vom Charterer doch für ein Solitär ist.

Doch Marylin braucht keine Erklärung. Und sie ist auch nicht die Sorte Frau, die aus Eifersucht in einen Tobsuchtsanfall ausbricht. Rita staunt, wie Marylin einen auf cool macht. Ganz anders als Anna. Sie lächelt, zieht an ihrer Zigarre, stößt dicke Rauchwolken aus, knöpft zwei weitere Hemdknöpfe auf, so weit, dass ihre üppigen Brüste gerade noch knapp bedeckt sind. Das verfehlt seine Wirkung nicht. Alfred verdreht die Augen.

»Weißt Du«, sagt sie zu Rita, »Alfred ist jetzt in der gleichen Situation wie Kormorane, die oben auf den Klippen keinen Nistplatz mehr finden.« Rita denkt an das Frühstück mit ihrer Mutter. Ob Marylin den Film auch kennt? »Er muss jetzt unten brüten – und sitzt in der Scheiße. Nicht wahr, mein Freund?«

Rita versteht: Marylin hat Alfred, das testosterongesteuerte Männchen, an der Angel. Unwiderruflich und ohne jede Chance, die selbst dem Schwertfisch vergönnt war. Okay, er bekommt mal mehr, mal weniger Leine. Marylin erhebt sich, zeigt an, dass sie sich entfernen will. Rita befürchtet das Schlimmste. Aber Marylin geht auf Alfred zu, küsst ihn und setzt sich auf seinen Schoß.

»Ich glaube, wir sollten heute besser nicht aufs Wasser gehen. Ein Tag Erholung im Schatten, in Haus und Garten wird uns gut tun«, flüstert sie ihm ins Ohr. Dann nimmt sie Alfred an die Hand, nicht ohne an ihrer Cohiba zu ziehen, und bugsiert ihn ins Schlafzimmer.

Rita ist erleichtert, Marylin imponiert ihr, eine stolze Frau. Und sie hat viel gelernt. Nur, was soll sie ihrer Mutter erzählen? Ach ja, die Sache mit den Kormoranen. Wer keinen Platz an der Sonne findet …

Triumph der Langeweile

Alex sitzt auf der schmalen Terrasse eines Straßencafés in Carvoeiro und schaut aufs Meer. Das grelle Sonnenlicht der Algarve trifft das Wasser, die Schaumkronen reflektieren die Strahlen in unterschiedlichen Goldtönen. Leichte Wellen schlagen an die Kaimauer. Der salzhaltige Wind streicht durch das Haar. Alex atmet tief durch. Er ist angekommen. Er sitzt da, liest in seinem Buch, schweigt und sehnt sich nach endloser Ruhe.

Doch Julia, seine Frau, kann mit seinem Schweigen nicht viel anfangen. »Willst du dir nichts bestellen?«, fragt sie.

»Ja, doch, gute Idee. Bestellst du etwas?« Kurze Pause.

»Was soll ich dir bestellen?« Schweigen. Sie wiederholt ihre Frage.

»Ist mir egal«, sagt er, ohne ihr den Kopf zuzuwenden.

»Egal heißt kein Getränk«, gibt sie zurück.

»Also, bestell einfach einen Cappuccino und ein Glas Wasser.«

Julia fuchtelt nach dem Kellner. Keine Reaktion. Sie ruft: »Hallo.« Wieder nichts. Erst als sie ihn auf Portugiesisch ruft, »Garcom«, bewegt er sich hinter der Theke hervor. Alex kann seine lethargischen Bewegungen von der Terrasse aus durch die offene Tür sehen. Der »Garcom« muss seine 60 Jahre längst hinter sich haben. Sein Gesicht ist von Sonne und Wind dunkel gefärbt. Ledern die Haut. Das Wort »Würde« kommt Alex in den Sinn, als er sich ihnen nähert.

Er wendet sich Alex zu, obwohl Julia ihn gerufen hat. Ob Julia ihm zu aufdringlich ist? Oder will er von einer Frau keine Bestellung annehmen? Der Lebensstil der Einheimischen ist noch ausgesprochen archaisch. Das hat Alex mehrfach beobachtet. Julia hat dafür keine Antennen: »Einen Cappuccino, ein Wasser und einen Campari Orange«, ruft sie dem Kellner zu.

Alex' Gedeck bringt er wie bestellt, Julia stellt er einen frisch gepressten Orangensaft hin: »No Campari«. Und als ob es ihm ein Bedürfnis wäre: »No Garcom. José!« Das Café gehört also ihm, er ist kein Saisonkellner.

Alex schlägt sein Buch wieder auf. »Kleine Philosophie der Langeweile«, von Lars Svendsen. Er ist gerade an der Stelle, wo der Autor den dänischen Philosophen Sören Kierkegaard zitiert: »Die Götter langweilten sich, darum schufen sie die Menschen. Adam langweilte sich, weil er allein war, darum wurde Eva erschaffen. Von dem Augenblicke an kam die Langeweile in die Welt und wuchs an Größe in genauem Verhältnis zu dem Wachstum der Volksmenge.« Man konnte der Langeweile also nicht entgehen. Aber wie ist sie entstanden? Svendsen meint, anders als Kierkegaard, die Langeweile sei ein neueres Phänomen, Adam habe sich nicht gelangweilt. Und er ruft Kant zum Zeugen auf, Adam und Eva *hätten* sich gelangweilt, wenn sie im Paradies geblieben wären.

Der Cappuccino ist kalt geworden, Alex hat ihn nicht angerührt. Er hat nur gelesen und sinniert und gespürt, wie groß seine Sehnsucht nach Langeweile ist. Auch Gott, so hat er eben gelesen, hat sich vom siebten Tag an gelangweilt. Das jedenfalls meinte Nietzsche, und er war sich sicher, dass gegen Langeweile selbst die Götter vergebens gekämpft hätten. Aber warum denn die Langeweile bekämpfen? War sie nicht ein Gottesgeschenk?

Alex ist seit zwanzig Jahren Controller in einem Dax-Unternehmen, dem es nicht sonderlich gut geht. Tägliche Kämpfe mit den Ingenieuren, die ihre Budgets überschreiten. Auseinandersetzungen mit den Vertriebsleuten, die höhere Marketingausgaben und Millionen für verkaufsfördernde Maßnahmen fordern. Streit mit den Produktionsmanagern, die ihre Qualitätsmängel mit fehlenden Investitionen in die Ablaufprozesse der alten Fabrik begründen. Und er soll das Geld zusammenhalten, das Geld, das nicht da ist, weil die Geschäfte nicht so laufen, wie sie laufen sollen. Die meisten Kollegen sind verärgert und lassen es ihn auch spüren. Das widert ihn an, auch wenn er es sich im Betrieb nicht anmerken lässt.

Julia liest ebenfalls, notgedrungen. »Weil du ja überhaupt nicht kommunikativ bist, du alter Langweiler«, sagt sie. Ihre Lektüre ist der Roman eines Schweizer Bestsellerautors »Der letzte Weynfeldt«. Alex hat sich erzählen lassen, worum es geht: Ein großbürgerlicher Junggeselle, der mit der Liebe abgeschlossen hat, bis er – entgegen seiner Gewohnheit – eine junge Frau mit nach Hause nimmt. Am nächsten Morgen droht sie, vom Balkon zu springen. Weynfeldt kann sie zurückhalten, doch ab da macht sie ihn für ihr Leben verantwortlich.

Es ist nicht das, was Alex lesen mag. Aber er ist froh, dass Julia jetzt liest und ihn in Ruhe lässt. Soll sie doch lesen, was sie mag, Hauptsache sie ist still. Zu sagen haben sie sich ohnehin nicht mehr viel. Er kann ihrer Spontaneität und ihrer Fröhlichkeit nichts abgewinnen. Sie lebt in einer anderen Welt. Sie liebt das pralle Leben, sie will ständig etwas unternehmen. Er will einfach seine Ruhe. Eine gepflegte Ruhe. Stille. Und wenn Geräusche, dann allenfalls die der an die Kaimauer schlagenden Wellen. Er neigt zur Melancholie, aber das ist nicht das, was er sucht. Er sucht die Langeweile, wie Svendsen sie beschreibt: »Der Langeweile fehlt der Charme der Melancholie. Deshalb ist Langeweile für Ästheten nicht attraktiv. Da ihr außerdem der Ernst der Depression fehlt, ist sie auch für Psychologen und Psychiater wenig interessant. Verglichen mit Depression und Melancholie wirkt die Langeweile einfach zu trivial oder vulgär.« Das trifft seine Seelenlage: trivial und vulgär.

Alex und Julia fahren zurück ins Hotel. Nur wenige Bauruinen sind zu sehen, die Immobilienkrise scheint die Algarve noch nicht in ihrer ganzen Wucht erreicht zu haben. Portugal hat sich drastische Sparprogramme verschrieben, arbeitslose Jugendliche stehen in jedem Dorf auf dem Marktplatz, auf dem Kirchplatz oder kicken auf verdorrten Wiesen. Es ist ein trauriges Bild. Ihre Zukunft ist schon heute Geschichte. Aber Portugal ist auf einem guten Weg, wenn man bei all dieser Tristesse überhaupt von einem guten Weg sprechen kann. Spanien ist schlimmer dran, jedenfalls optisch – beim Anblick der unzähligen Bauruinen. Und

Spanien ist laut, die Jugendlichen demonstrieren in Madrid, in Barcelona und in Sevilla. Portugal erträgt sein Schicksal leise. Das Land hat Würde. Es hat den Fado. Die Saudade. Wer Langeweile dermaßen kultiviert, muss einfach belohnt werden.

In der Hotelanlage von Krise keine Spur. Projektionsfläche der Wohlstandsinsel Deutschland, denkt Alex. Aber so soll es nach dem Willen der Tourismusmanager auch sein. Wirklich fremd wollen es die Touris in der Fremde gar nicht haben. Das ist Glück und Unglück zugleich. 1845 hat Thomas Cook die erste organisierte Reise mit Hotelgutschein und Pauschalarrangements angeboten, hat Alex auf dem Flug gelesen. Seither brummt das Geschäft. Im Jahr 2020, so rechnet die Welt-Touristik-Organisation vor, sollen 1,6 Milliarden Menschen jährlich unterwegs sein. Die Folgen kann man heute schon beobachten. In Spanien weitaus schlimmer als in Portugal. Das Paradies, das einst die Sehnsucht des Reisens begründete, besteht heute aus metastasierenden Betonungeheuern. Bettenburgen wäre geschönt, verniedlicht. Alex hat sich das Enzensberger-Zitat gemerkt: »Indem wir finden, was wir suchen, zerstören wir es.« Er freut sich über sein gutes Gedächtnis, nicht nur für Zahlen.

Alex und Julia essen Fisch, Salat und Weißbrot. Das Glas »Herdade dos Grous« aus dem hoteleigenen

Weinberg im Alentejo hilft, die Stimmung zu heben. Sie machen einen langen Strandspaziergang, die Füße im Wasser, und suchen Muscheln. Die Konversation erstickt im Schlag der Wellen, was Alex recht ist. Hinterher liegen sie auf einer gepolsterten Pritsche – und lesen. Das Ritual sollte den ganzen Urlaub über anhalten. Morgens Lesen im Straßencafé in Carvoeiro bei Cappuccino und Orangensaft, danach Lunch im Hotel, Strandspaziergänge, Lesen auf der Liege, Abendessen, Schlafen. Und wieder von vorne.

Eine Woche haben Alex und Julia nun in gepflegter Langeweile hinter sich. Wieder sitzen sie bei José auf der Terrasse und vertiefen sich in ihre Bücher. Er liest jetzt »Oceano Mare – Das Märchen vom Wesen des Meeres«, von Alessandro Baricco, ein Buch über Träumer und Sinnsucher. Sie verbeißt sich in die »Russendisko« von Wladimir Kaminer, eine heitere Schnurre.

»Alex, altes Haus, Du hier an der Algarve. Das ist ein Wink des Himmels, dich hier zu treffen. Einfach Spitze.«

Alex schaut irritiert auf, erkennt den Störenfried nicht sofort.

»Kennst Du mich nicht mehr? Viktor Buchtenbader, Du weißt doch, vom Gymnasium. Wir waren in der gleichen Klasse. Du, der Streber, ich der Klassenclown.«

Ja, Alex erkennt ihn wieder. Unwillkürlich kommt ihm Rainhard Fendrich in den Sinn: »Er war zwar in der Schul' a Depperl, aber das stört die Damen nie ...« Was jetzt? Wie würde Kierkegaard die Szene beschreiben: »Wenn alles still ist, geschieht am meisten.«

Viktor und seine Patricia, wie er sie vorstellt, eine etwas auffällig gestylte Person mit kurzem Rock und prallen Brüsten im engen T-Shirt, fragen nicht lange, sondern setzen sich an den Tisch. »Vier Glas Champagner«, ruft Viktor José zu, der ihn nicht versteht. Viktor zeigt vier Finger und artikuliert laut die Silben »Cham-pag-ner«. José schüttelt den Kopf. Er hat keinen Champagner, was Alex dem Clown gleich hätte sagen können. Außerdem mag Alex auch keinen Champagner. Der einfache trockene Weißwein vom Fass ist ihm lieber. Aber noch lieber wäre es ihm, wenn das »Depperl« gleich wieder verschwunden wäre.

»Weißt Du was, mein Lieber, ich hab da eine tolle Idee.« Alex schwant Schlimmes. »Männerpartie! Morgen fahren wir nach Albufeira, chartern uns ein Boot und segeln nach Cabo de Sao Vicente«, dröhnt Viktor über den Tisch. »Du hast es doch nicht etwa verlernt?«

Alex ist zwar schon lange nicht mehr gesegelt, aber zugeben will er das nicht, jedenfalls nicht vor diesem Angeber. Doch da sitzt er schon in der Falle.

»Also morgen früh, zehn Uhr. Wo soll ich Dich abholen? Und die Ladies vergnügen sich anderweitig.« Dieses Auftrumpfende in der Stimme ist Alex zu viel, zu penetrant, zu dick aufgetragen. Botoxmäßig.

»Im Vila Vita Parc«, dringt es aus Alex heraus, und er ist überrascht über seine verdammte Fügsamkeit.

»Abgemacht, ich bin pünktlich im Hotel.« Viktor kippt den Rest des Weißweins in seine Kehle, schnappt sich Patricia – und weg sind sie.

Julia gibt sich spöttisch überrascht von Alex' Meinungsumschwung. Als er sich beklagt, er hätte sich die Handynummer geben lassen sollen, dann könne er irgendwann später absagen, es werde ihm schon was einfallen, eine kleine Fischvergiftung, sagt sie nur: »Ja, segle du ruhig mal wieder, dann kommst du vielleicht auf andere Gedanken.«

Am nächsten Morgen steht Viktor pünktlich um zehn Uhr mit seinem gemieteten Clio Cabrio vor dem Hotel – und ist wieder unerträglich gut gelaunt und laut. »Das wird ein wunderbarer Tag, schau dir das herrliche Wetter an. Wind und nochmals Wind.«

Alex sagt nichts. Warum muss dieser Idiot ausgerechnet hier Urlaub machen. Und warum hat er gestern nicht den Mumm gehabt zu sagen, danke ich segle nicht, ich lese lieber. Hat er etwa wirklich diesem Busenwunder Patricia imponieren wollen. Damit hatte ihn Julia gestern beim Abendessen immer wieder aufgezogen, wenn er sich über seine Entscheidung beklagt hatte.

»Freust Du Dich etwa nicht, Du bist so still?« Viktor legt ihm den Arm um die Schulter als seien sie seit Jahrzehnten die dicksten Freunde. Sein Rasierwasser ist so aufdringlich wie er.

Alex holt tief Luft, steigt ins Cabrio, dessen Tür ihm galant aufgehalten wird, und ringt sich ein »doch, doch, vielleicht wird es ja tatsächlich ein angenehmer Tag« ab. Seine mangelnde Konversationsfreudigkeit solle ihm Viktor nicht verübeln: »Ich bin im Urlaub immer so, reden muss ich in der Firma den ganzen lieben langen Tag.« Doch etwas interessiert Alex dann doch noch: »Mit was verdienst du dir eigentlich deinen Lebensunterhalt?«, will er von Viktor wissen.

»Ich bin Filmproduzent«, antwortet der, ohne vom Lenkrad aufzuschauen. »Keine Oscar-verdächtigen Sachen, Filme für Firmen, Werbung und, na ja, auch ein paar Filmchen, bei denen Patricia oft die Hauptrollen spielt.« Mehr will Alex nicht wissen.

Die Marina in Albufeira ist neu und sieht aus wie geleckt. Die Häuserblocks mit den Eigentumswohnungen sind bunt angestrichen, kein Baum auf der riesigen Piazza spendet Schatten. Retorte eben. An der einen und anderen Stelle stehen noch Container aus der Bauzeit, manche dienen als Büros. In einen dieser Bürocontainer gehen sie hinein und chartern ein prachtvolles Schiff: eine Bavaria Cruiser 32, 10 Meter lang, 3,50 Meter breit und 50 Quadratmeter Segelfläche. Der 18-PS-Diesel verspricht genügend Vortrieb, um in kritischen Situationen ohne Segel wieder in den Hafen zu kommen. Für Alex, der bisher lediglich auf einem H-Boot in Binnengewässern gesegelt ist, so etwas wie eine Lebensversicherung. Motor gleich Sicherheit.

Der Törn lässt sich tatsächlich gut an. Da der Wind konstant aus Süden bläst, gibt es für Alex nicht viel zu tun. Viktor steht am Steuer, hält das Rad lediglich aus Sicherheitsgründen fest. Zu tun hat er nicht viel. Ab und an schickt er Alex in die Kajüte, um ihm eine Dose Bier zu holen. Alex empfindet diese Art des Segelns als angenehm. Mehr noch, er spürt Erholung. Vielleicht war es ja doch kein Fehler, auf den Vorschlag einzugehen. Sie segeln nach Westen, in Richtung Cabo de Sao Vicente, dem Kap am Ende der Welt. Alex wollte eigentlich mit dem Auto vom Hotel aus mal hinfahren, aber seine Trägheit hat es bisher nicht zugelassen. Auf dem 60 Meter hohen Felsen des Kaps thront angeblich der lichtstärkste Leuchtturm des Kontinents. Und Wind ist dort immer, heftiger Wind.

»Nach Cabo de Sao Vicente werden wir es an einem Tag wohl nicht schaffen«, gibt Alex nach einiger

Zeit zu bedenken, »obwohl der Wind ganz schön bläst.«

»Dann segeln wir eben nach Marokko«, stichelt Viktor und freut sich, dass sein Klassenkamerad zum ersten Mal kleinlaut geklungen hat. Der Wind hat tatsächlich an Stärke zugenommen und dem Boot eine satte Krängung verschafft. Ob Viktors Segelkünsten zu trauen ist? Immerhin schippern sie nicht im Steinhuder Meer, sondern im Atlantik.

Als der Wind weiter zunimmt und auch immer böiger wird, sie auf einmal halsen und wenden müssen, wird es Alex mulmig. Vorsichtig drängt er zur Rückkehr, doch Viktor denkt nicht daran. »Ein Segelwetter, wie ich es mir wünsche«, tönt er.

»Ich mir aber nicht«, trotzt Alex. Und er fürchtet, dass auch der Alkohol seine Wirkung tut. »Übermut tut selten gut, unterschätz das Meer nicht«, ruft er nach vorn.

Viktor lacht höhnisch – und bringt Alex damit zur Weißglut. Er steht auf, es ist nicht leicht, auf dem schwankenden Schiff die Balance zu halten, da wirft ihn ein kräftiger Windstoß zu Boden. Er steht wieder auf, die Hüfte tut ihm weh, wankt breitbeinig zu Viktor und entreißt ihm das Steuer.

»He, was soll das, du Weichei?«, raunzt ihn Alex an.

Doch Alex ist entschlossen, nicht klein beizugeben.

»Wir segeln jetzt zurück, das Wetter wird ungemütlich, die See sowieso, und ich habe keine Lust auf ein kühles Seemannsgrab.«

»Du spinnst doch«, schreit Viktor gegen den Wind an, »aufgeben, jetzt, wo's erst richtig Spaß macht.« Doch er ist offensichtlich beeindruckt von der unerwarteten Dreistigkeit seines Segelpartners. Alex gibt das Steuer nicht mehr frei. Er hat nur noch ein Ziel: zurück in die Marina von Albufeira, auch wenn Viktor schmollt. Immerhin macht er keinen Versuch mehr, sich durchzusetzen.

Der Wind hat inzwischen eine Gewalt, die Alex Angst macht. Die Wellen spielen mit dem Boot, so scheint es Alex, die beiden müssen höllisch aufpassen. Alex spürt, dass die Natur ihm zunehmend die Kraft raubt, das Boot zu halten. Auch Viktor hat offensichtlich verstanden, dass das Ganze kein Späßchen mehr ist. Er arbeitet konzentriert mit.

»Hol die Fock rein«, befiehlt ihm Alex. »Oder sollen wir das Großsegel runterlassen?« Viktor drückt sich um eine Antwort. Ganz offensichtlich weicht seine Großspurigkeit in kritischen Situationen einer fast peinlich wirkenden Hilflosigkeit. »Wirf den Motor an«, ruft Alex in den Wind, jeden Anschein von Panik vermeidend. Viktor reagiert nicht, vermutlich hat er ihn nicht gehört. Alex wiederholt schreiend seinen Befehl, der so gar nichts von der Würde eines seemännischen Kommandos enthält. Dann tuckert der Diesel. Endlich.

Schließlich erkennt Alex, wie der Hafen am Horizont auftaucht. Sie werden es also schaffen, erst recht mit dem sich verstärkenden seeseitigen Wind. Viktor kämpft mit dem Großsegel, das sich im Wind einfach nicht auf dem Baum falten lässt. Als sie die Hafeneinfahrt fast erreicht haben, will Alex Viktor das Steuer wieder überlassen. Er weiß, dass Anlegen unter diesen widrigen Umständen kein Kinderspiel sein würde. Doch das Segel war ein Knäuel und musste festgehalten werden. Von wem auch immer. In diesem Fall eben von Viktor.

Da erwischt sie eine gewaltige Böe. Der Baum knallt nach Steuerbord – und erfasst Viktor, der sofort über Bord ins Wasser geschleudert wird. Alex schreit ihm nach, dass er ans Ufer schwimmen soll. Einen Rettungsring oder eine Schwimmweste kann er ihm nicht hinterherwerfen, beides ist nicht greifbar, und das Steuer kann er unmöglich loslassen. Die Szene erinnert ihn an Martin Walsers Novelle vom fliehenden Pferd. Nur dass es im literarischen Leben der Bodensee ist. Im richtigen Leben der tosende Atlantik.

Er weiß nicht wie, aber Alex schafft es dank der Unterstützung helfender Hände an Land, die kraftvoll die Reling ergreifen, das Boot gerade noch vor einem möglichen Crash an die Mole zu stoppen. Er ist schweißgebadet von der Angst und der Anstrengung. Jetzt quält ihn nur noch ein Gedanke: Was ist mit Viktor? Hat ihn der Baum bewusstlos geschlagen? Ist er ertrunken? Wenn der Baum ihn nicht am Kopf getroffen hat, müsste er das Ufer erreicht haben, redet er sich seine Angst weg. Es war ja nicht mehr weit. Und Viktor ist bestimmt ein guter Schwimmer.

Aber Viktor taucht nirgendwo auf. Alex rennt die Mole ab, immer wieder, schaut auf das Wasser, ob er vielleicht abgetrieben sein könnte, aber er kann doch nicht abgetrieben sein, weil der Wind die Strömung ans Land richtet. Verzweiflung erfasst ihn – und Wut. Wut über diesen Kerl, über seine eigene Unbedarftheit und Leichtgläubigkeit. Und Wut, ihm überhaupt in die Falle gegangen zu sein. Alex meldet den »Verlust« im Charterbüro, ein Motorboot prescht sofort aus dem Hafen, und Retter suchen jeden Quadratmeter vor der Hafeneinfahrt ab. Nichts. Von Viktor keine Spur.

Alex lässt ein Taxi rufen. Den Autoschlüssel für das Cabrio hat Viktor in der Tasche und den fressen vielleicht schon die Fische. Eine halbe Stunde später ist er im Hotel. Ob die beiden Frauen da sind? Was soll er ihnen sagen. Verwirrt tappst er durch das Foyer, schaut in die Bar und auf die Terrasse. Wie versteinert bleibt er stehen. Da sitzen sie am Tisch und schlürfen einen Campari Orange: Julia, Patricia – und Viktor.

»Mich hast du hier nicht erwartet, Käpt'n«, tönt Viktor über die Terrasse. »Schau her, ich lebe und erfreue mich bester Gesundheit.«

Alex geht auf Viktor zu, entschlossen, ihn zu verprügeln. Er spürt seinen Pulsschlag im Hals. Doch dann wird er plötzlich sehr gelassen, vergleichbar der gewohnten Situation, wenn ihm der Produktionsvorstand vorwirft, er spare noch die ganze Firma kaputt. »Danke, Viktor«, sagt er ruhig, »es war ein wunderbarer Tag. Schade, dass wir Cabo de Sao Vicente nicht erreicht haben.« Die Faust schwoll in seiner Hosentasche. Aber er ließ sie stecken – und bestellte ein Glas Weißwein.

Am nächsten Tag auf der Terrasse von José, die Wellen schlagen leise an die Kaimauer, bittet Julia Alex, ihr das Buch über die Langeweile auszuleihen. Alex erhebt sich, geht zum Auto, holt es und gibt es ihr mit einem Lächeln. Ist es Genugtuung, was er empfindet, wenn er Julia so dasitzen sieht? Dann senkt er die Lider, um die Augen vor dem Sand zu schützen, den der leichte Wind über die Terrasse treibt. Er setzt sich wieder, wortlos, nimmt sein Buch zur Hand und fällt langsam in einen angenehmen Dämmerschlaf. Als er wieder aufwacht, weiß er: Sein langweiliges Leben ist spannend, so wie es ist. Jedenfalls spannend genug für ihn. Und ausgefüllt.

Was, bitte, soll an der Langeweile trivial und vulgär sein, fragt sich Alex dann doch. Und dabei ertappt er sich. Ja, er scheint doch eher Melancholiker zu sein. Melancholie hat Charme, gesteht er sich ein. Melancholie ist ein Traumzustand, den nur ein Sturm auf dem Atlantik beenden kann, wenn man bei stark anschwellendem Wind das Schicksal mit einem dröhnenden Angeber an Bord eines aus dem Ruder laufenden Segelschiffes teilen muss. Nur dann. Schon deshalb, ist sich Alex jetzt sicher: nie wieder.

Rache auf Chinesisch

Das Bankinstitut hat zur alljährlichen Zielekonferenz geladen und die Ausrichtung der schottischen Tochtergesellschaft übertragen. Clara reist illusionslos in die Highlands, da sie trotz all ihrer Erfolge die Karriereleiter bisher nicht nach oben klettern durfte. Jedes Mal hat ein anderer das Rennen gemacht. Also, was soll's. Sie ist inzwischen mit sich im Reinen. Der Job macht ihr Spaß – und das Gehalt stimmt. Clara weiß, sie sieht gut aus für ihre Anfang 40, um den Job als Investmentbankerin beneiden sie viele. Da die Arbeit hart ist, muss sich auch das Privatleben unterordnen. Trotzdem hat Clara mit Stefan einen Partner gefunden. Nach diversen One-Night-Stands, die ihr lange nichts ausgemacht haben. Aber auf die Dauer fühlte sich das irgendwie leer an. Stefan arbeitet im Privat Banking. Er hat ihr eines Morgens vor drei Jahren einfach nachgepfiffen, im Foyer. Eigentlich ein No-Go. Doch Frechheit siegt eben. Clara grinst in sich hinein, während die Maschine beim Anflug auf den kleinen Provinzflughafen kräftig durchgeschüttelt wird. Den Rock, den sie damals getragen hat, hat sie seitdem nicht mehr angezogen. Zu kurz. Sie hätte nicht auf den Verkäufer hören sollen, sondern auf ihre innere Stimme. Und diese innere Stimme ließ sich in letzter Zeit immer lauter vernehmen. Wenn es schon mit einem Karrieresprung nichts mehr wird, dann vielleicht – als Spätgebärende – mit einer Familie. Mit Kind und Mann und Haus und Hund. Die Maschine setzt hart auf der Piste auf.

Inverness ist die nördlichste Küstenstadt im Königreich und liegt an der Mündung des Auslaufs von Loch Ness. Das Meer dort ist rau, die Wellen schlagen meterhoch an die Kaimauern, und die Nebel der Gischt sind noch auf dem Festland zu spüren. Das Wetter zeigt sich von seiner freundlichen Seite, der Himmel trägt sattes Blau und die Luft riecht nach Salz und frischem Gras. Das braucht sie jetzt. Mit einem Taxi fährt Clara zum Inverness Castle, nachdem sie kurz zuvor im Waterside Hotel eingecheckt hat. Sie will es sich nicht entgehen lassen, so viel spektakuläre Natur, bevor sie am nächsten Tag wieder nur mit den palavernden Kollegen im Konferenzraum eingeschlossen sein wird.

Clara bittet den Taxifahrer zu warten, es könne

aber dauern. Sie kämpft sich zur Burgmauer hoch – und fühlt die ganze Geschichte dieses Landstrichs. Macbeth hat hier im 11. Jahrhundert unfreiwillig das irdische Jammertal verlassen – weiß man schließlich, wenn man William Shakespeare gelesen hat oder das Drama von der Schule her noch kennt. Und im 16. Jahrhundert wurde Maria Stuart, der Königin von Schottland, hier vom englischen Gouverneur der Zutritt zu Stadt und Burg verweigert.

Das Licht, die Luft, das Meer, die Küste, die Burg – alles ist so unwirklich und eindrucksvoll, dass ihr Puls schneller schlägt. Leichter Schwindel erfasst sie, so schön und erhaben ist die Szenerie. Sie vergisst die Zeit, hängt den Gedanken nach. Ist ihr das bisher alles entgangen, weil sie ihr Leben dem Job untergeordnet hat? Ist es das wert? Die Sonne gleitet langsam zum Horizont, der Himmel verfärbt sich in knalliges Rot. Ein Sonnenuntergang zum Hinknien. Keine hundert Meter entfernt beklatschen Touristen das Naturereignis, so als ob am Ende der Welt der Vorhang bei einer Theateraufführung gefallen wäre.

Clara steigt wieder ins Taxi. Der Taxameter zeigt bereits über hundert Pfund, aber es stört sie nicht. Sie fährt ins Hotel, wo sie sich für den geselligen Eröffnungsabend der Konferenz frisch macht. Die Zeit ist plötzlich knapp, der Bus für den Transfer ins

»Urquhart's Restaurant« steht bereits mit laufendem Motor vor dem Hotel.

Das Haus ist schottisch, schon beinahe klischeehaft schottisch. Ein Dudelsackpfeifer vor dem Restaurant empfängt die Gäste, die schottische Flagge weht neben dem Eingangsportal. Drinnen ist alles holzgetäfelt, Devotionalien von Highland-Helden an den Wänden, eingerahmt von Bildern des Fußballclubs von Inverness. Die Tische sind mit weißem Leinen bedeckt, teures Porzellan und Silberbesteck versprechen eine kulinarische Offenbarung. Auffallend nur, dass Weingläser fehlen. Dafür stehen Whisky-Gläser neben den Tellern.

Nach dem obligatorischen Stehempfang, bei dem Clara die Komplimente der Kollegen routiniert über sich ergehen lässt, führen freundliche Kellner die Gäste an ihre Plätze. Der Dudelsackpfeifer unterhält die Gesellschaft inzwischen im Restaurantbereich. Die parlierenden Banker sind entsprechend laut, um die Musik zu übertönen. Erst ein Gongschlag beendet den Lärm. Ein Highlander im Kilt trägt mit sonorer Stimme das Gedicht »Address to a Häggis« vor.

Das war's also: Häggis! Clara spürt schon allein bei dem Gedanken an die Mahlzeit, wie sich ihr Magen in Richtung Kehlkopf schiebt. Die Kellner füllen die Gläser am Tisch mit Whisky, keine gängige Sorte, die man vom Kontinent her kennt. Nein, edelstes Wasser von den Orkney Islands, ganz weit oben vor der schottischen Küste. Es ist ihr sofort klar: Häggis ist ohne Whisky ungenießbar, mit Whisky eigentlich auch, aber irgendwie erträglicher.

Clara hat sich, wie immer, wenn sie reist, ein wenig eingelesen. Sie weiß, Häggis ist das schottische Nationalgericht. Der Magen eines Schafes wird gedreht, gründlich gereinigt. Mit dem Messer werden die festen Reste der Magensäure abgeschabt. Der Paunch, wie das tierische Nahrungsbehältnis heißt, wird mit Herz, Leber, Lunge und dem Nierenfett des Schafs gefüllt, angereichert mit jeder Menge kleingehackter Zwiebeln, Hafermehl für die Konsistenz des Inhalts und mit ordentlich Pfeffer scharf gewürzt. Mit Küchengarn wird die Öffnung des Schafmagens zugenäht und in heißer Brühe der gefüllte Magen mehrere Stunden gegart.

Clara hat schon beim faszinierten Lesen über diese Speise im Flugzeug nach London ein Schauder erfasst. Ihr phänomenales Gedächtnis, das ihr im Beruf so wertvoll ist, hier ist es ein Handicap. Sie erinnert sich einfach an jedes Detail des Gerichtes. Sie spürt die Gänsehaut, die sie bekommen hat, allein bei dem Gedanken, diese landestypische Spezialität in sich aufnehmen zu müssen. Kaum hat sie ihren Whisky hinuntergekippt, um den aufkommenden Ekel zu unterdrücken, schenkt der Kellner nach. Es muss wohl so sein, zumal jetzt serviert wird und der aufgestochene Schafsmagen auf ihrem Teller prangt. Der Schotte im Kilt wünscht einen guten Appetit – und Clara beobachtet, wie alle unwillig in ihren Tellern stochern. Das entgeht auch dem Schotten nicht. Nach den ersten zaghaften Bissen fordert der Kiltträger mit einem durchdringenden »Cheers, to your health« zum Whisky auf, den ausnahmslos alle synchron in die Kehle schütten. Nur wenige verzehren das Innereiengemisch nun mit wachsender Begeisterung. Die meisten aber tun sich schwer. »Eine Zumutung«, zischt Clara ihrem Nachbarn zu. Sie glaubt zu erkennen, welche Mühe es ihm macht, ein paar Brocken hinunterzuwürgen. Er nickt und spült mit dem Hochprozentigen nach. Bei dieser Konzentration auf den Vorgang des Essens ist jedes Gespräch erstickt. Die Libor-Manipulation kein Thema mehr. Clara lässt mehr als die Hälfte des schottischen Nationalgerichts zurückgehen. Dass sie überhaupt so viel geschafft hat, nötigt ihr Respekt vor sich selbst ab. Ob dieses Essen ein Test ist? Wer einen leeren Teller zurückgibt, ist qualifiziert für Höheres. Der frisst in sich hinein, was immer man ihm vorsetzt. Den Rhabarber-Ingwer-Pie, der als Dessert angeboten wird, drückt sie in sich hinein, als hätte sie einen unstillbaren Heißhunger. Er sättigt, und vor allem besänftigt er die Geschmacksnerven.

Trotzdem fühlt Clara sich nicht wohl. Warum musste es ausgerechnet Schottland sein? Und wenn schon Schottland, dann wenigstens ein für zivilisierte Mitteleuropäer erträglicheres Mahl. In China verspeisen sie ja auch nicht unbedingt die landestypischen Spezialitäten wie Schweinsaugen oder Hundesteaks. Sie hadert mit sich und ihrer Umwelt und ist auch leicht abwesend, als Robert Feldmann, der Financial Officer, zu seiner Rede ansetzt.

Feldmann ist von kräftiger Statur, sein Verhalten distinguiert, seine Erscheinung raumfüllend. Er redet druckreif. Erst seit zwei Jahren im Amt hat er der Bank ein modernes Image und eine neue Ausrichtung verpasst. Vor allem kennt er seine Leute und ist entschlossen, die Erfolgreichen zu belohnen.

Kaum hat er seine Rede begonnen, macht sich bei Clara eine unangenehme Darmtätigkeit bemerkbar. Ist es das Essen, das verdammte Häggis? Sie weiß, dass sie jetzt während Feldmanns Rede ganz still sitzen bleiben muss. Bitte keine Blähungen jetzt, oder noch Schlimmeres. Wer dagegen ankämpft, verliert jegliche Attraktivität. Sie weiß, wie man dann aussieht. Man ist wie gelähmt, der Körper wie versteinert. Selbst die Gesichtszüge frieren ein. Clara kennt das. Es ist nicht das erste Mal, dass ihr so etwas widerfährt. Durchfall ist eine Schutzmaßnahme des Körpers, um Nahrung, bei der irgendetwas nicht in Ordnung ist, schnell wieder loszuwerden. Das körpereigene Abwehrsystem sozusagen. Bloß nicht darauf konzentrieren, fokussier dich auf die Rede von Feldmann. Ihr Bauch grummelt hörbar. Wie peinlich.

Feldmann gefällt sich in seiner Rede. Er rühmt geschäftliche Erfolge, nennt persönliche Ziele, beschreibt die Neuausrichtung, skizziert den Wettbewerb und analysiert die internationalen Finanzprobleme. Und er schmeichelt der versammelten Truppe, spricht von Perspektiven und wer künftig welche Rolle in der Bank einnehmen soll. Clara kämpft mit sich, ist zunehmend benommen und kann eigentlich gar nicht mehr zuhören. Da fällt plötzlich ihr Name. Sie soll die Tochtergesellschaft in Singapur führen. Wie elektrisiert sitzt sie auf ihrem Stuhl, klammert sich an ihrem Stuhl fest, weiß nicht, wie ihr geschieht, und kann noch nicht einmal die Mundwinkel verziehen. Ob sie schon Schweiß auf der Stirn hat?

Der Chef spielt eine Würdigungspartitur, die jeden anderen zu Freudentränen gerührt hätte. Alle schauen zu ihr: freundlich, fragend, skeptisch. Clara spürt, wie sie errötet. Ob jeder den Schweiß auf ihrer Stirn sieht? Wie werden sie ihn interpretieren? Sie spürt, was das bedeutet, gerade jetzt. Die ehrlich gemeinte Wertschätzung von Feldmann geht ihr unter die Haut: Er belohnt sie tatsächlich. Und selbstverständlich will er ihr nach seiner Rede eine Bühne geben: Bittet sie, sich zu erheben, die Ovationen entgegenzunehmen und einige Worte an die Kollegen zu richten.

Clara fühlt sich wie im schlechten Film. Da ist sie, die Beförderung, mit der sie nicht mehr gerechnet hat. Verkündet zum unmöglichsten Zeitpunkt. Der Beifall der Anwesenden verschafft ihr Zeit, über Auswege nachzudenken. Es rettet sie nicht – und sie weiß auch nicht, ob das, was sie jetzt sagen wird, ihren Karrieresprung konterkarieren wird: »Darf ich im Sitzen antworten?«

Kein Thema. Feldmann spielt den Gentleman und meint, dass dies einer Dame ja wohl zustehe. Sie spricht wirr, Dankesworte selbstverständlich, und sie bringt ihre Freude zum Ausdruck. Mein Gott, was sind das denn für Phrasen, denkt sie und: mach dir jetzt bloß nicht in die Hosen. Da stürmt Feldmann auf sie zu, gratuliert ihr mit starkem Händedruck – und zieht sie vom Stuhl zu sich hoch. Da passiert es. Sie bewegt sich keinen Millimeter, setzt sich nach der Auszeichnung durch den Chef zügig wieder hin, nein, plumpst auf den Stuhl zurück wie ein Sack Mehl. Da sitzt sie, ein komplett überfordertes Häufchen Elend, verdammtes

Häggis, und ist so unglücklich, wie noch nie in ihrem Leben.

Als dann der Nächste seinen Aufstieg mitgeteilt bekommt, sich alle Augen ihm zuwenden, erhebt sie sich so geräuschlos wie möglich und watschelt verkrampft aus dem Speisesaal der Erleichterung zu. Vor dem Toilettenspiegel zieht sie, als es vorbei ist, die Lippen nach und pudert sich die Schweißreste weg. Ob Feldmann seine Entscheidung schon bereut hat oder sie sogar zurücknimmt? Und wenn schon. Dann war dieses verdammte Häggis eben ein Gottesurteil. Singapur oder das Kind. Ist es Singapur, wird sie sich an Feldmann rächen, wenn er zu Besuch kommt. Sie werden ins chinesischste aller Chinalokale gehen, und er wird Kröten essen und Heuschrecken und Maden. Und wenn nicht, wird der Junge, den sie haben wird, den schottischsten aller Namen bekommen.

Feldmann war in der Tat verunsichert über seine Entscheidung, aber er stand zu dem, was er vor allen Ohren sagte. Ein Fehler. Das Würgegericht aus China war schon angerichtet. In Claras Kopf jedenfalls. Und sie war entschlossen, es ihm zu servieren. Beförderung hin, Beförderung her: Sie will seine versteinerten Gesichtszüge in vollen Zügen genießen. Beim Essen, wenn der Darm ihn plötzlich auf die Toilette treibt.

Der alte Mann Mahmoud

Die Sonne schien schon am frühen Morgen so stark, dass man leicht einen Eindruck gewinnen konnte, wie mühsam der Tag werden würde. Es war April und die Durchschnittstemperaturen auf der arabischen Halbinsel erreichen auf dem Thermometer schnell den Wert von 35 Grad und mehr, die Mitteleuropäer spätestens um die Mittagszeit in lähmende Lethargie fallen lassen. »Heute wird es noch heißer«, meinte der Concierge des Hotels »Central Doha« und wollte mit dieser aktuellen Nachricht von der lokalen Wetterstation den Gast vor seiner Theke, die bereits prophylaktisch schwer atmende Barbara, nicht absichtlich schrecken. Er machte das einfach so, weil er mit diesem selbstverständlichen Service in der Regel den Fragen der Hotel-Gäste zuvorkam. »Die Leute fragen immer, damit sie mit dieser Information ihr zu erwartendes Leiden konservieren und auf den Ansichtskarten präzise Angaben über die Hitze, die man in diesen

Gegenden nun mal erwarten darf, machen können«, wandte sich der weltgewandte Concierge Barbaras Ehemann Jean zu.

Barbara wischte sich den Schweiß von der Stirn. Nicht, dass sie im Foyer hätte schwitzen müssen. Nein, die Hotels sind allesamt mit hervorragenden Aircondition-Anlagen ausgestattet. Es war der Angstschweiß in düsterer Erwartung, was auf sie wieder zukommen würde. Jean frotzelte und behelligte sie mit allen möglichen und unmöglichen Gesprächskillern: »Es ist das Klimakterium, die Wechseljahre und eben alles, was Frauen in einer reiferen Lebensphase so ertragen müssen.« Die derbe Einlassung hat ihr nicht gefallen, so »reif« glaubt sie nun auch wieder nicht zu sein. Aber sie war am frühen Morgen gefühlt schon zu schwach, ihm energisch zu widersprechen. Ihr war nur klar, die geplante Wüstensafari im Mitsubishi Pajero konnte er sich abschminken. Mit den Füßen scharrend giftete sie ihn an: »Ich fahre da nicht mit.«

Jean, der Abenteuern eigentlich nicht ausweicht, aber jetzt nicht noch mehr Wüstensand ins eheliche Getriebe kippen wollte, versuchte Barbara für einen Bootstrip zu gewinnen. Natürlich wusste sie, dass es auch auf Schiffsplanken im Persischen Golf heiß werden kann und dass das Meer nur dann erfrischt, wenn man hineinspringt. Doch Jean bestand auf der Bootsfahrt und köderte sie erfolgreich: »Auf dem Wasser kühlt eine frische Brise.« Irgendetwas mussten sie ja unternehmen, das sah selbst Barbara ein: »Also, aufs Wasser, das könnte ich noch ertragen«, kam sie ihm entgegen.

Die Diskussion war damit aber nicht beendet, wie Jean hoffte, denn Barbara stichelte mit Grundsätzlichem. »Warum um alles in der Welt mussten wir an den Persischen Golf fahren?«, attackierte sie ihn. Sie wollte nach Schweden oder nach Irland, was ihr Jean wegen der dortigen Temperaturen um diese Zeit ausreden konnte. Er wollte partout nach Katar, was sich ihr erst später erschließen sollte.

Die FIFA hatte entschieden, die Fußballweltmeisterschaft im Jahr 2022 in Katar auszutragen. Er hatte diese Entscheidung, wie die meisten seiner Fußballfreunde, nicht nachvollziehen können, aber es war für ihn Anlass genug, einmal dieses Wüsten-Emirat zu bereisen, bevor er 2022 im Stadion von Doha bei der Wiederholung des deutschen Sommermärchens dabei sein wollte. Das sagte er Barbara aber nicht, er schwärmte nur vom guten Wetter, der niedrigen Kriminalitätsrate – allerdings bei unerträglich politischen Verhältnissen, die er ihr gegenüber geflissentlich verschwieg –, dem guten Essen und der Tatsache, dass in den Hotels auch Wein verabreicht werde.

Barbara mochte guten Wein und das »Central Doha« ist mit den besten Lagen gut sortiert: Frankreich, Italien, Australien, Südafrika und Kalifornien. Eigene Weine gibt es in arabischen Ländern, vom Libanon abgesehen, keine, obwohl die Temperaturen geeignet wären. Das weiß man im Allgemeinen und das wusste auch Jean. »Aber ohne Regen und gute Böden wächst kein Wein und auch sonst nichts«, schulmeisterte er Barbara.

Beim Concierge orderte Jean eine Seefahrt mit einem Fischkutter. Er hatte davon im Hotel-Prospekt gelesen und der Concierge war sehr hilfsbereit. Ausschweifende Telefonate, Rückrufe, Warten, dann das erlösende Okay: »Um 10 Uhr steht im alten Fischereihafen ein Boot für sie bereit.« »Wo genau?«, wollte Jean wissen, um nicht erfolglos herumirren zu müssen. »Dort müssen sie sich nach Mahmoud durchfragen, den kennt im Hafen jeder. Kein Problem. Der Hotel-Shuttle bringt sie hin.«

Die Fahrt dauerte 20 oder 30 Minuten, Jean wußte es nicht mehr so genau, weil er die beeindruckenden Hochhäuser in Doha von der Küstenstraße aus auch zum wiederholten Male spannend fand. An der Pier half ihnen der Chauffeur aus der Mercedes-Limousine und wünschte ihnen einen guten Fang. Barbara und Jean fragten gleich den erstbesten Fischer pflichtgemäß nach Mahmoud, der wiederum nur in arabischer

Sprache, vermutlich katarischer Dialekt, gestikulierend antwortete. Es half nichts. Auch beim nächsten Fischer keine Aussicht auf Erfolg. Und beim übernächsten auch nicht.

Jean rief im Hotel an und schilderte seine Hilflosigkeit. »Ach ja, Mahmoud«, säuselte es durch das Handy zurück. »Mahmoud heißen die meisten Fischer hier in Doha«, entschuldigte sich der Concierge. »Sie müssen nach seinem Boot fragen. Es trägt den Namen Mahdi, was soviel heißt wie der von Gott gesandte Messias.« Immerhin, das versprach doch noch einen Erfolg, einen schnellen allemal. Keine zehn Minuten später stiegen Barbara und Jean beim richtigen Mahmoud auf das Fischerboot und fuhren mit ihm hinaus.

Der Kahn war für die beiden Landratten gewöhnungsbedürftig. Und irgendwie beschlich sie das Gefühl, auf einem Seelenverkäufer gelandet zu sein. Die Küste rückte immer weiter weg und war bald nur noch als Strich zwischen Himmel und Erde zu erkennen. »Wie weit tuckert der noch?«, fragte Barbara besorgt. Und Jean setzte Barbaras Angst die Krone auf, als er sie ermahnte, sich nach anderen Schiffen umzuschauen. »Vielleicht befinden wir uns ja schon in iranischen Hoheitsgewässern.« So gehässig hätte er nicht sein sollen, wenn er Barbara für die Seefahrt auf einem

Angelkutter hätte begeistern wollen, gestand er sich ein. Allerdings zu spät. »Meine Lust auf Abenteuer ist ausgesprochen unterentwickelt«, quittierte sie mit leicht zittriger Stimme seinen Zynismus.

Mahmoud stoppte seinen Kutter weit draußen im Golf, reichte den beiden je eine Angel und zeigte ihnen die Köder. Das Wetter spielte tatsächlich gut mit, der leichte Wind erfrischte ein wenig und mit Hut war es auszuhalten. Barbara war inzwischen auch zufrieden, Jean lächelte in sich hinein. Die Hilfskonstruktion mit dem Wind hatte er nur erfunden, um Barbara auf das Boot zu locken. Und jetzt war Wind da, wenn auch nur leichter Wind. Aber er kühlte tatsächlich ein wenig.

Das Wasser war glasklar, die Sonne spiegelte sich spielend in den leichten Wellen und das Salz in der Luft reinigte Lungen und Nasenhöhlen. Es war eine Ruhe, die gut tat. Die Gedanken waren weit weg, jedenfalls weit weg von der Bootsbeschaffenheit und der eingebildeten iranischen Marine, weil der Kopf die Aufmerksamkeit auf den »Schwimmer« an der Angelrute lenkte. Da war es, endlich Petri Heil. Der »Schwimmer« verschwand unter der Wasseroberfläche, Jeans Leine zog sich ruckartig stramm und aus den Fluten fischte er eine prächtige Stachelmakrele. Jean konnte seine Freude kaum fassen, der erste selbst geangelte

Fisch, nicht nur aus dem Persischen Golf, sondern überhaupt – und das bei strahlendem Wetter. »Ein Fest, ein Fest, das ist ein wahres Fest«, rief er über die Reling dem Wind entgegen und balancierte die Stachelmakrele auf die Schiffsplanken.

Eine Stachelmakrele? Es war nur eine halbe, mitten im Rumpf abgetrennt, fast abgeschnitten. Jean konnte sich keinen Reim darauf machen, Barbara auch nicht, aber eigenartig kam ihnen das schon vor. Bevor beide etwas sagen konnten, erklärte ihnen Mahmoud, was passiert war. Umständlich zwar, in gebrochenem Englisch, aber doch eindeutig, wenn sie seine Botschaft richtig entschlüsselten: Es war ein Hai, der die Stachelmakrele, weil sie schon am Haken hing, nur zur Hälfte erwischt hatte. Die andere Hälfte lag nun auf dem Schiffsboden.

Barbara schaute über das Wasser. Es war ruhig, keine Haifischflossen zu sehen. Und unter der Wasseroberfläche auch nichts. Aber wenn es ein Hai war, dann musste er ja in unmittelbarer Nähe des Bootes sein, dachte sie sich. Der jämmerliche Zustand des Bootes rief sich ihr wieder in Erinnerung, die riesige Entfernung zum Hafen und das Gefühl, allein zu sein auf hoher See. »Wo ist Gottes Hand?«, flehte sie. Sie spürte ihren Angstschweiß auf der Stirn. Und wollte zurück. Einfach zurück.

Mahmouds Gestik und Tonfall konnten die beiden entnehmen, dass dies kein ungewöhnlicher Vorfall beim Fischen im Persischen Golf sei. Und als er seine Angel einzog, baumelte auch bei ihm nur ein trauriger Rest einer Stachelmakrele. Was Mahmoud zur Beruhigung anbringen wollte, war für Barbara das Aus: »Da wimmelt es ja nur so von Haien«, schrie sie den entgeisterten Jean an. Und dann sah sie in geringem Abstand von der Backbordseite des Bootes aus eine Haifischflosse aus dem Wasser ragen. Der Tag war gelaufen. »Ich will zurück, zum Teufel mit dem Angelausflug«, schrie sie. Mahmoud musste umkehren, obwohl er noch nichts gefangen hatte.

Wie jeden Abend bestellten die beiden im feinen Hotelrestaurant ihren frischen Fisch, gegrillt, gut abgeschmeckt mit Gewürzen aus dem Souk, einem frischen Salat und einem australischen Sauvignon Blanc. Barbara wollte gerade wieder auf die halbe Stachelmakrele zu sprechen kommen, als ihr Jean ins Wort fiel: »Gut, dass wir die Erfahrung mit dem Hai gemacht haben, sonst wäre ich noch ins Wasser gesprungen. 33 Grad Lufttemperatur sind zum Baden ja nicht das Schlechteste.«

Barbara rang nach Fassung, die Vorstellung raubte ihr den Verstand. »Wie stellst du dir das vor? Hätte ich zuschauen sollen, wie du von Haien gefressen wirst?

Oder hinterherspringen, dass wir beide das Haifutter abgegeben hätten?«, empörte sie sich über seine gespielte Gleichgültigkeit. Bei seinen weiteren Beschwichtigungsversuchen hörte sie nicht mehr hin. Er versuchte es auf andere Art, aber es gelang ihm nicht, sie wirklich zu beruhigen. »Die arabische Halbinsel ist zwar die kleinste Kontinentalplattform der Erde, aber sie ist ständig in Bewegung. In rund tausend Jahren wird die Straße von Hormus verschlossen sein und der Persische Golf ein Binnenmeer. Oman hat dann eine Landgrenze zum Iran. Und Haie gibt's hier dann keine mehr.«

Es reichte ihr, aber sie spielte sein Spiel jetzt mit: »In tausend Jahren, in Ordnung, dann kommen wir wieder hierher.«

Jean widersprach nicht mehr, er unterbrach nur die offensichtlich wiedergefundene Fröhlichkeit am Tisch: »Ich beginne zu realisieren, dass ich mir die Fußball-Weltmeisterschaft 2022 zu Hause am Fernseher anschauen muss.« Barbara stimmte ihm zum ersten Mal zu: »Da gibt's jedenfalls keine Haie.« »Nein, nur andere hysterische Säugetiere, die auf zwei Beinen«, wollte er sie zielgerichtet in ihre Breitseite treffen, um doch noch ans Ziel zu kommen.

Aber Barbara machte sich nichts draus. Sie konterte auf seine Erdbewegungsmasche, kämpfte mit seinen

Waffen: »Die europäische Kontinentalplattform hat sich schon seit Jahrhunderten nicht mehr geschüttelt. Du kannst die Spiele also in aller Seelenruhe anschauen.« Jean gab sich geschlagen: »Ja, der Fernseher wird jedenfalls nicht wackeln.« »Und das Bier auf dem Sofatischchen auch nicht«, schob Barbara nach – und zerstörte damit endgültig seinen Traum vom Sommermärchen am Golf.

Irgendwie sind Frauen Walrösser

Es waren vielleicht fünf Sekunden, fünf Sekunden, die er zögerte, ob er ins Wasser springen und ihn retten sollte. Quälende fünf Sekunden, in denen der über Bord Gegangene im Wasser lag und nach Luft schnappte. Kurz zuvor hatte ihn Holger mit einem satten Faustschlag ins feuchte Nass befördert. Er war gerade aufs Boot zurückgekommen, als er den Fremden in heftiger Umarmung und umso eindeutiger Pose mit seiner Lebensgefährtin erwischte. Der George-Clooney-Verschnitt ließ sofort von Angela ab. Holgers Schlag war ein Reflex, Zeit für lange Überlegungen ließ sein Selbstverständnis nicht zu. Aber dann sprang er doch. Der nasse Casanova war schneller am Ufer und ergriff sofort die Flucht in seinem triefenden hellbeigen Sommeranzug. Holger wollte ihm noch hinterherrennen, aber besann sich dann auf das Naheliegende. Mit einem kühnen Sprung enterte er vom Kai aus das Deck und stellte Angela. Doch seine

Partnerin schwieg, keine Silbe war ihr zu entlocken. Sie erreichte damit nur, dass seine Ahnung Bestätigung fand.

Holger und Angela leben seit gut 20 Jahren zusammen. Mit 45 sind sie beide gleich alt, beruflich erfolgreich mit überdurchschnittlichen Gehältern, lieben das Theater und besuchen Kunsthallen, fahren im Winter Ski und segeln im Sommer. Und jetzt war Sommer, Frühsommer.

Das Leben lief vor ihrem geistigen Auge ab wie ein Film. In den ersten Jahren aufregend, spannend, voller Abenteuer und ohne Rast. Keine Party, die sie sich entgehen ließen, keine Einladung, die sie ausschlugen. Sie waren unter Strom und sie liebten das Leben unter Strom.

Holger ist gefragter Geldanlageexperte, arbeitet als Consultant und ist manchmal tagelang unterwegs. Angela Texterin bei einer internationalen Werbeagentur. Auch sie ist viel weg. Und wenn sie ihr Penthouse im noblen Frankfurter Westend betritt und Holger ist nicht da, dann empfindet sie das als normal. Umgekehrt ist es schließlich auch oft so.

Doch seit zwei, drei Jahren ist Angela anders. Holger hat es nicht bemerkt, es war ein schleichender Prozess. Irgendwie war sie das hektische und vermeintlich angenehme Leben zunehmend überdrüssig.

Beinahe jeden Wunsch konnte man sich erfüllen, finanziell fühlten sie sich nicht eingeengt, alles war perfekt. Ein Leben wie im Märchen. Wäre da nicht etwas, das mit den Jahren mehr und mehr um sich griff: Leere, Inhaltslosigkeit, der täglich gleiche Trott, das substanzlose Geplauder mit Freunden und solchen, die so taten, als wären sie Freunde. Angela spürte es eines Tages körperlich: Ihr Leben war nicht mehr steigerungsfähig. Im Gegenteil. Der Grenznutzen jeder freundschaftlichen Unterhaltung, jedes Trips in immer noch fernere Länder, jeder zusätzlich erlebten Exotik ging in seiner Wirkung rapide gegen null. Sollte es das gewesen sein?

Im letzten Jahr sprach sie es dann aus: »Wir müssen abrüsten, wieder auf den Boden kommen und nicht nur in der Traumwelt von einem Gipfel zum andern stürmen.« Sie schenkte ihm zur inneren Läuterung Robert Gernhardts »Es gibt kein richtiges Leben im valschen«, Humoresken für ihren neu erwachten Zustand »down to earth«.

Holger schlug das Büchlein auf und blieb – wie von unsichtbarer Hand geführt – an der wirklichkeitsnahen Geschichte hängen, nach der es Tage gibt, an denen es bereits beim Frühstück zu spät ist. Es war nicht die Stelle, die Angela meinte, aber es war seine Stelle:

»Hör mal, Norbert«, sagte meine Frau, »ich hätte gern ein Kind.«

»Wer hätte das nicht gern, liebe Ingrid«, erwiderte ich, ohne von der taz aufzuschauen, »selbst ich hätte gern eines. Aber sie sind so schwer zu fangen.«

»Ich hätte gern ein Kind!«, wiederholte meine Frau mit ungewohntem Nachdruck.

»Geh ins Kinderhaus«, riet ich ihr zerstreut …

»Ich hätte gern ein Kind von dir«, sagte meine Frau ungehalten.

»Von mir?« …. »Wie kommst Du denn auf die Idee, ich hätte ein Kind abzugeben?«

»Wer spricht hier von abgeben?«, fragte meine Frau scharf zurück. »Du sollst mir eins machen!« …

»Und wie kommst du darauf?«

»Andere Männer machen ihren Frauen auch Kinder.«

»Anderen Frauen würde ich auch Kinder machen, das ist keine Kunst« …

Ja, es war offensichtlich zu spät – und nicht nur beim Frühstück. Holger musste auf jeder Seite der Gernhardt-Humoreske lachen, so sehr amüsierten ihn die banalen und doch hintergründigen Dialoge, dass er Angelas Ernsthaftigkeit nach Erdung nicht wirklich wahrnehmen konnte. Aber irgendwie hinterließ Gernhardt seine Spuren.

»Vielleicht hast Du recht, wir sollten weniger das Exotische suchen«, gab sich Holger einsichtig. »Vielleicht uns um das Wahre und Schöne kümmern, das vor unserer Tür liegt und das wir bisher übersehen haben«, versuchte er, eine Brücke zu bauen. »Was hältst du davon, wenn wir dieses Jahr die Karibik auslassen und stattdessen im Sommer ans Ijsselmeer fahren?« Angela widersprach nicht, aber verstanden hatte er sie nicht.

Anfang Juli bestiegen sie jedenfalls eine Fokker der KLM mit Ziel Amsterdam. Für zwei Tage haben sie im Hotel »Estheréa« eingecheckt, das direkt an der Singelgracht liegt, unweit vom Hauptplatz Dam entfernt. Zwei Tage Grachtenfahrten, Spaziergänge, Van-Gogh-Museum und Hermitage. Zwei schöne Tage. Die schmalen, eng aneinandergebauten Wohnhäuser haben es ihnen angetan. Nirgendwo an den Fenstern gab es Vorhänge, wenn Licht brannte, konnte man in die kleinen, putzigen Wohnzimmer sehen. Friedliche Menschen nahmen das Abendessen ein oder übten sich in Brettspielen. »Monopoly«, meinte Angela. Holger tippte auf »Schiffe versenken«, obwohl das kein Brettspiel ist. Angela quälte sich mit einem Lachen, ihre Art von Humor war das nicht. Nicht mehr.

Am dritten Tag packten sie ihre Koffer und fuhren mit einem gemieteten VW-Passat auf der Autobahn in die Provinz Flevoland, Ziel Lelystad. Die Stadt wurde erst 1967 auf einem Polder, also dem Meer abgewonnenen Land, gegründet und liegt fünf Meter unter dem Meeresspiegel. Die Marina ist neu, alles pieksauber, aber irgendwie blutarm, wie die ganze Gegend. Es ist ein plattgewalzter Pfannkuchen, wie er nicht anders aussehen kann, wenn Wasser zu Land wird. Weiterfahrt in die Provinz Friesland nach Stavoren, der ältesten der friesischen Städte und das schiere Gegenstück zu Lelystad: Schmucke Häuschen, winzige Vorgärten, hin und wieder eine friesische Fahne im Garten, Blumen, enge Gässchen, verwunschene Lokale und eine in die Tage gekommene Marina. Aber eine mit Patina und Atmosphäre.

Dort hatte Holger ein kleines Plattbodenboot gemietet, ein altes Holzschiff mit baumstarken Masten, Seitenschwertern und schweren grünen Segeln. Plattbodenboote haben einen geringen Tiefgang, sie sind breit und schwer, schwierig zu steuern, aber gut geeignet für das flache Ijsselmeer und für die friesischen Kanäle, die durch reizvolle Dörfer und über die Binnenseen Sneeker Meer und Lemmer Meer führen. Es ist irgendwie wie mit offenen Doppeldecker-Oldtimer-Flugzeugen in einer Gegend zu fliegen, in der es scheinbar keinen Horizont gibt. Und wenn, dann einen, in dem Meer und Himmel zu einer unwirklichen Einheit verschmelzen.

Holger brachte das Gepäck an Bord, verstaute es in der Kajüte, während Angela das wuchtige Boot inspizierte. Sie wusste noch nicht, ob es ihr gefiel, aber dass es originell war, hatte sie ihm gegenüber schon mal eingeräumt. Marie, die Catering-Frau vom Schiffscharterer, füllte den Kühlschrank mit Wein, Käse, Milch, Butter, Eier, Quark, Marmelade, Tomaten und Dauerwürsten. Brot legte sie in den Brotkorb, Mineralwasser stellte sie unter den Tisch. »Heringe gibt es noch jeden Tag frisch, obwohl die Zeit dafür eigentlich vorüber ist. Gerne bringe ich Ihnen morgen ein paar vorbei«, sagte sie zu Holger. »Jetzt zum Ende der Laichzeit sind sie schön dick und fett und eine leichte Beute, sogar an Molen und Häfen«, legte Marie nach. Holger wusste nicht, was er darauf antworten sollte. Da sprang ihm Angela bei der Entscheidungsfindung zur Seite: »Hervorragend, Heringe liebe ich, am besten mariniert.« Holger war überrascht, kannte er solche Anflüge von vermeintlich minderer Genusssucht bei Angela eigentlich nicht. »Ja, ich stehe auf Hausmannskost, gerade hier in Friesland«, unterfütterte sie ihre Gesinnungswandlung. »Und hinterher einen Aquavit.« Holger schüttelte nur noch den Kopf. Gesagt hatte er immer noch nichts.

Als Marie mit einem eleganten Hüftschwung, der ihre ganze Grandezza offenbarte, das Boot wieder verlassen hatte, wollte Angela wissen, warum er dem drallen Mädchen so auffällig ins Dekolleté gestarrt hatte. Blöde Frage, Holger ärgerte sich und suchte nach einer kecken Antwort für Angela, die sie ruhigstellen sollte: »Brüste sind dazu da, angeschaut zu werden.« Das ging tatsächlich daneben, er spürte es förmlich, aber auf eine Diskussion wollte er sich jetzt nicht einlassen. Immerhin genoss er es nach einem kurzen Augenblick, dass Angela es bemerkt hatte. »Ich dachte immer, wir sind ein modernes Paar und spießbürgerliche Rituale sind uns fremd«, wollte er das Ruder noch herumreißen. Aber Angela gab keine Ruhe. Sie nörgelte zunehmend. Und Karl, der sie in die Kunst des Plattbodenboot-Führens einweisen wollte, war immer noch nicht da.

Holger hasste Verhöre generell und ganz besonders Verhöre von Angela. Ihr Nörgeln war für ihn nichts anderes als ein Verhör, auch wenn sie es so nicht auffasste. Er werde sich in der Marina umsehen und nach einem Restaurant Ausschau halten, wo sie heute Abend essen gehen könnten. Wenn er zurück sei, werde ja hoffentlich Karl endlich da sein. Und im Übrigen, jetzt doch ziemlich angefressen, meinte er: »Langsam finde ich an der normativen Kraft seemännischen Aberglaubens Gefallen.« Was das nun wieder zu bedeuten habe, stocherte Angela in der für sie unverständlichen Äußerung herum. »Ganz offensichtlich passen eben

Mann und Frau zusammen wie Bücherratte und Analphabet.« Der erfahrene Segler lasse deshalb die Frau an Land. Das sei doch nicht Aberglaube, allenfalls Frechheit, konterte sie ziemlich humorlos. »Nein, du täuscht dich. Seemännischer Aberglaube besagt, dass Frauen an Bord nichts Gutes bedeuten. Bestritten wird es nur von Landratten – und von dir.« Angelas Erregungspegel stieg bedrohlich an. Aber der Angriff hatte gesessen. Jedenfalls meinte er es.

Holger spazierte durch die Marina. Ein Boot prächtiger als das andere, herrliche Dickschiffe und sportliche Renner. Boote älteren Datums standen zum Verkauf, einschließlich Liegeplatz. »Was brauche ich in Friesland einen Liegeplatz?«, stöhnte er laut vor sich hin, ganz offensichtlich nach Bestätigung suchend, um sich ja nicht nach dem Preis eines Bootes zu erkundigen. Schließlich hatte er ein Plattbodenboot gechartert, um sich bewusst von den modernen Booten, die jeder kennt, abzusetzen. Das Restaurant in der Marina war schnell gefunden. Holger setzte sich auf die Terrasse und genoss ein kühles Heineken. Der Wind war etwas scharf, aber warm und nicht unangenehm. Er lehnte sich zurück, drehte den Kopf in den Wind, schloss die Augen – und nickte ein. Ein kalter Windstoß weckte ihn. Das Bier war inzwischen schal. Verdammt, er musste mindestens eine Stunde geschlafen haben.

Strammen Schrittes marschierte er zurück zum Boot. Die Blickrichtung orientierte sich am Zielpunkt, die Neugierde auf Boote und Marine-Utensilien ließ nach. Seine Gangart erinnerte an einen, der schon immer hier entlangging und dem nichts fremd war. Ein Trödelladen mit maritimem Kitsch, Segler-Jacken, T-Shirts, Bücher und Zeitungen ließ ihn aber doch innehalten. Er ging hinein, schaute sich um, entdeckte über der Tür das Schild »Uitgang«, also Ausgang, und spottete vor sich hin: »Fehlt nur noch Aankomst.« Nein, das konnte nicht sein, das Schild hat er auf dem Flughafen Schiphol gesehen. Seltsame Sprache, tröstete er sich.

Die Literatur im Trödelladen war bescheiden. Seichte Romane, einige populäre Bestseller, das Meiste in Holländisch und Englisch, aber auch einiges in Deutsch. Und diese Literatur nicht unbedingt von schlechten Literaten, wie beispielsweise der amerikanischen Schriftstellerin Djuna Barnes, dem Foto auf dem rückseitigen Buchdeckel nach eine bildhübsche Frau, die 90 Jahre alt geworden war, wie er dem Klappentext entnehmen konnte. Er blätterte und entdeckte den Satz, der seine Stimmungslage traf: »Manche Frauen sind Walrösser und manche sind Landsäue und wieder andere sind Würmer, doch manche sind Schwestern des Himmels …« Das brauchte er. Zahlte und ging zum »Uitgang«.

»Wo warst du solange?«, zischte Angela. »Ich bin auf der Restaurant-Terrasse eingepennt«, entgegnete er. »Karl war inzwischen da, er hat mir alles erklärt. Er konnte nicht länger warten, du warst ja mindestens drei Stunden weg.« Richtig sauer klang das nicht. Irgendwie spürte er bei Angela einen Anflug von Heiterkeit. Naja, die Stimmung war jedenfalls gerettet. Er ließ sich von Angela alles schildern, was Karl ihr erklärt hat. Manche Frage konnte sie nicht beantworten, aber vielleicht würde er vor der ersten Ausfahrt Karl noch persönlich treffen, um die letzten Unklarheiten beseitigen zu können. Das Boot war unter den Plattbodenbooten zwar ein kleines, aber für einen Jollen-Segler wie Holger doch ungewohnt. Und ein Risiko wollte er nicht eingehen. Quatsch Risiko, blamieren wollte er sich nicht vor Angela.

Die Dorade in Salzkruste im Marina-Restaurant war ausgezeichnet, die Nacht auf dem Boot ruhig. Am nächsten Morgen machte sich Angela in der kleinen Nasszelle auf dem Boot frisch, Holger ging in die Gemeinschaftsduschen der Marina, rasierte sich, ließ zehn Minuten das warme Duschwasser an seinem noch immer sportlichen Körper herunterlaufen, genoss hinterher die Sonne auf dem Weg, der ihm nach nur einem Tag so bekannt vorkam, als ob er ihn schon drei Wochen lang ginge. Er drehte Richtung Restaurant, wo es frische Brötchen gab. Trank einen ersten Espresso – und schwenkte ab Richtung Boot.

Da war er: Der Moment, der ihn leicht aus der Fassung brachte, nachdem er das Boot betreten hatte und den Blick zur Kajüte richtete. Der Kerl, dem Angela ihre Lippen an den Mund drückte, ließ augenblicklich von ihr ab, war mit einem Satz auf dem Holzdeck an der Backbordseite, musste notgedrungen an ihm vorbei, erwischte seinen Schlag – und lag im Wasser. Fünf Sekunden nur hatte Holger überlegt, dann sprang er hinterher und versuchte, ihn zu retten. Aber der athletische Schönling war schneller – im Wasser und an Land.

»Was soll das?« Holger, der für gewöhnlich ein ordentliches Maß Distanziertheit in Beziehungsfragen an den Tag legte, spürte plötzlich, wie es in seinem Körper kochte. »Was soll das?«, forderte er mit Nachdruck eine Antwort auf seine wiederholte Frage. Doch Angela war noch immer konsterniert von dem unerwarteten Ereignis, wie Holger zugeschlagen hatte und hinterher ins Wasser sprang. »Kommt hier einfach einer vorbei und du ziehst ihn an deinen Mund; nicht der dich, nein, du ihn.« »Du spinnst doch«, war zumindest so etwas wie ein ausweichendes Widerwort. »Das darf doch nicht wahr sein. Wir kennen uns seit 20 Jahren und mitten in Holland küsst du im gemeinsamen Urlaub einen fremden Kerl. Ist bei dir eine Sicherung durchgebrannt?« Holger merkte zwar, dass er ziemlich spießig daherredete, auch ein wenig unverschämt. Mit welchem Recht nahm er sich diese Wortwahl und eine solche Tonlage heraus? »Gib dir keine Mühe, ich habe keine Lust für Erklärungen, schon gar nicht für Rechtfertigungen«, setzte Angela den finalen Punkt unter die unsägliche Debatte. Eine Debatte, die beider nicht würdig war. Und beide wussten es auch.

Holger setzte sich auf die Kante des Decks. Sein Gehirn raste nicht mehr, die Affäre erwies sich als banal. Aber sein Schmollen wollte er so leicht nicht ablegen, er genoss es irgendwie. Und es tat ihm sogar gut. Angela schwieg – und je länger sie schwieg, umso mehr ließ der Schmerz ihrer Folter nach. Ihre Mitteillosigkeit erinnerte ihn eher an Djuna Barnes' »Walrösser«, weniger an die »Schwestern des Himmels«. »Sollen wir jetzt in diesem Zustand mit dem uns unbekannten Plattbodenboot rausfahren?«, versuchte Holger die Unmöglichkeit eines schweigenden Paares auf dem Wasser abzubilden. »Nein, das sollten wir nicht«, überraschte ihn Angela. Sie wolle es auch nicht mehr, habe es eigentlich nie gewollt, doch er habe ja nichts begriffen.

Es gibt tatsächlich Tage, an denen es beim Frühstück schon zu spät ist. Holger legte sich auf die Sitzbank vor der Kajüte, Angela schnappte sich Adornos »Minima Moralia« und kletterte auf das Vorderschiff. Auf Seite 40 die Zeilen, die sie gierig aufsog: »Sobald Menschen, auch gutartige, freundliche und gebildete, sich scheiden lassen, pflegt eine Staubwolke aufzusteigen, die alles überzieht und verfärbt, womit sie in Berührung kommt.«

Mit Frühstück war nichts mehr. Am Nachmittag packten sie ihre Sachen und fuhren auf den Flughafen. Sie sprachen kein Wort. Drei Stunden später saßen sie im Flugzeug nach Frankfurt. »War der Kerl etwa dieser Karl?«, versuchte Holger nochmals den Gesprächsfaden aufzunehmen. Es nützte nichts.

Es musste Karl gewesen sein, ja sicher. Wer denn sonst? Holger brauchte keine weitere Bestätigung mehr. Er sagte es ihr ganz direkt, verharmloste es nicht mehr in der Frageform. Und gerierte sich auch nicht mehr spießig. Sie nickte – und küsste ihn.

Spät am Abend waren sie in ihrem Penthouse. Angela legte sich im Bett neben ihn. Noch immer kein Wort. Holger hatte nur einen Gedanken: Hoffentlich will sie jetzt nichts von mir. Sie war, ohne es zu ahnen, gedanklich auf seiner Wellenlänge: Hoffentlich bleibt der auf seiner Seite.

26 Grad Nord, 6 Grad West

Das Blau irritiert. Je länger man hineinstarrt, umso mehr nimmt einen die Farbe gefangen. Man kann sitzen und schauen – und dabei nicht mehr wegschauen. Sie wirkt wie gemalt, auch ohne einen Pinselstrich. Es ist die Farbe des Wassers. Ein Kunstwerk, ohne dass ein Künstler Hand anlegen muss.

Kinder malen Wasser immer blau, es muss ihnen niemand sagen. Sie malen es auch blau, selbst wenn es türkis oder grün ist, selbst wenn es schwarz oder rot scheint. Wasser ist blau wie der Himmel. Die einzig zugelassene Farbe zum Blau ist das Weiß. Wenn die Wellen bei größerer Windstärke leichte Schaumkronen bilden, ist Weiß die einzige farbliche Aufhellung zum tiefen Blau. Am Himmel geht es nicht anders zu. Die malerische Nuance bilden die weißen Wolken im Blau des weitgespannten Zeltes über der Erde. Auch wenn Weiß keine Farbe ist, macht es das Blau erst interessant. Der unbefleckt blaue Himmel wird irgendwann langweilig, genauso wie die spiegelglatte, glasig wirkende und nur scheinbar blau gemalte Fläche des Wassers. Erst die Farbstörung durch das Weiß ergibt eine mit hohen Spannungselementen durchsetzte Wahrnehmung. Es ist das Zeichen zum Aufbruch, die Geburt der Sehnsucht nach der Weite, der Sehnsucht nach dem Meer. Es ist die unstillbare Triebhaftigkeit, etwas zurücklassen zu wollen, um am Ende wieder anzukommen. Es ist der Moment, in dem selbst erwachsene, gestandene Männer »La Paloma« pfeifen.

Burkhard sitzt auf der Kaimauer im Hafenbecken von Barbate und wirft kleine, flache Steinchen ins Wasser. Jeder Stein schafft, sobald er die Wasseroberfläche durchdringt, runde Wellen. Die Kreise dehnen sich aus, um dann wieder langsam vom Wasserspiegel verschlungen zu werden. »Warum werfen Menschen Steinchen ins Wasser?«, fragt er sich, ohne eine Antwort finden zu wollen. »Warum wiederholen sie dieses Spiel, obgleich sich an der Eintönigkeit des Vorgangs nichts ändert?«, vertieft er die selbstgestellte Frage. »Jedes Steinchen bildet die gleichen Kreise an der Wasseroberfläche ab. Es gibt also nichts Neues, nichts, was einen aufregen könnte, nichts, was einen aus den Träumen reißen könnte. Wahrscheinlich ist es das. Ganz einfach.« Es ist ein Statement.

Barbate ist der Hafen, in dem die Japaner den von

den Spaniern gefangenen Thunfisch an Bord ihrer Kühlschiffe nehmen. Es ist ein verstörend wirkender Vorgang, wenn die Riesenfische von den kleinen Fangschiffen auf die großen Frachter gehievt und dort verstaut werden. Und dann auf große Fahrt gehen. Um den halben Erdball von Spanien nach Japan. Ein Riesengeschäft. Spanier brauchen die Devisen und die Japaner verkaufen die Delikatesse für teures Geld in ihren Edelrestaurants. Ihre eigenen Küstengewässer haben sie schon leergefischt, inzwischen holen sie die kulinarische Rarität auch aus den entferntesten Gegenden. Japaner schrecken, wenn es um ihren Fisch geht, vor nichts zurück. Fisch ist ein Heiligtum, ein essbares Nationalheiligtum.

Burkhard macht sich über diesen absurden Fischfang und den irrwitzigen Transport so seine Gedanken. Irgendwann, da ist er sich sicher, wird der Spuk ein Ende haben. Spätestens dann, wenn selbst in den letzten Gewässern kein Thunfisch mehr zu finden ist, der sich an Japaner verkaufen lässt. »Wo soll das hinführen?«, fragte er sich selbst. Es ist wie mit dem Steinchenwurf ins Wasser. Eine Antwort kennt er nicht. Er sucht sie jetzt auch nicht mehr. Er schlendert zum vereinbarten Liegeplatz in der Marina von Barbate.

Das Boot, eine 18 Meter lange Ketsch, ist startklar. Über ein halbes Jahrhundert hat sie schon auf dem

Buckel und nichts von ihrer zeitlosen Schönheit verloren. Feinstgearbeitetes Mahagoni-Holz, Schränke mit kunstvoll verzierten Intarsien, Sechskant-Bleistifte auf dem Kartentisch, damit sie bei Windgang nicht so leicht wegrollen wie runde Bleistifte, ein gefülltes Weinregal mit edlen Tropfen und Kojen, die in der Einbildung Himmelbetten in nichts nachstehen.

Der Skipper, ein bärtiger, schon etwas rundlicher Holländer, hilft Burkhard aufs Deck und ruft ihm seinen Vornamen zu: »Ich heiße Jan.« Vermutlich heißen alle Holländer in der Fremde Jan, denkt sich Burkhard. Jedenfalls kennt er keinen anderen holländischen Vornamen.

Jan weist ihn ein, tut so, als ob er ihm tatsächlich helfen will, genießt aber eher dessen Tollpatschigkeit. Etwas unbeholfen quält sich Burkhard, um die fingerdicken Leinen loszumachen. Es klappt, sie fahren dieselmaschinengetrieben aus dem Hafen. »Wo segeln wir eigentlich hin?«, fragt Burkhard. Jan antwortet nicht.

Stattdessen ein Kommando: »Segel setzen.« Burkhard ist irritiert. »Meint er etwa mich?« Er, der vom Segeln so viel Ahnung hat, wie das Versuchskaninchen von Biologie. Jan lässt ihn nicht lange zappeln und zieht die gewaltigen Segel mit einer Winsch am baumdicken Holzmast hoch. Wind kommt auf, das tonnenschwere Boot bekommt Fahrt. Sie segeln. Die

»Costa de la Luz« wirkt hinter den Wellen wie ein Ölgemälde. Das Boot hat eine satte Krängung, Wasser umspült die Deckskante auf der Steuerbordseite. Burkhard fühlt eine leichte Anspannung, vielleicht auch etwas Angst. Es ist der Respekt vor den Urgewalten des Wassers. Respekt, der Unachtsamkeit verdrängt. Die Sonne scheint, das versöhnt sein Stimmungsdurcheinander. Der Blick zum Himmel macht das Blau wieder zum Motiv. Wind kräuselt sein Haar. Burkhard zieht die klare Meerluft in seine Nase. Er atmet tief ein und aus, und der Sauerstoff benebelt seine Sinne. Man fühlt sich wie in einem Zustand der Trunkenheit, sagt er zu sich. Ja, er will weg, weit weg. Burkhard ist im Trancezustand.

Jan reißt ihn aus seiner Stimmung: »Wir segeln an den Schnittpunkt der Erdlinien 26 Grad, 10 Minuten, 58 Sekunden Nord und 6 Grad, 1 Minute, 58 Sekunden West.« Es klingt geheimnisvoll – trotz der Nüchternheit der Zahlen. Und es sagt ihm auch nichts. Wahrscheinlich ist es einfach die Sprache, in der sich Seeleute verständigen.

Burkhard zuckt mit den Schultern, versucht Jan klarzumachen, dass ihm seine Angaben nicht wirklich weiterhelfen: »Ich verstehe nichts.« Jan lacht, ja, er lacht leicht hämisch und winkt Burkhard zu sich. »Übernimm das Steuer, ich will mir eine Zigarette anzünden.« Klar, um eine Zigarette anzuzünden, muss er unter Deck, das geht nicht bei diesem Wind. Der Rauch seines Glimmstängels verschwindet im Nichts. Wind frisst den blauen Dunst sofort auf.

Sie segeln schon über zwei Stunden. Und obwohl es einfach Richtung Westen geht und Jan fast gelangweilt noch immer am Steuer steht, das er nur festhalten muss, kommt keine Eintönigkeit auf. Wasser bezaubert eben. »Schau her, das ist Cabo de Trafalgar. Der Schnittpunkt der Erdlinien, die ich dir sagte. Merke sie dir. Vielleicht brauchst du das noch.« Burkhard wüsste nicht warum, aber er merkt sich die Zahlen und die Himmelsrichtungen. Kein Wort jedenfalls von der berühmten Schlacht bei Trafalgar, nein, nur die Erdlinien waren Jan wichtig. Es war schließlich eine Schlacht, an der die Holländer nicht beteiligt waren. Ein Engländer, ein Franzose oder ein Spanier hätte von dem blutigen Ereignis vor der Küste gesprochen, nicht vom Schnittpunkt der Erdlinien, ist sich Burkhard sicher. Vermutlich hätten sie diese Zahlen gar nicht im Kopf gehabt. Sie hätten von der Schlacht erzählt – jeder aus seinem national gefärbten Geschichtsbild. Der Engländer vermutlich siegestrunken und stolz, der Franzose und der Spanier etwas melancholisch. Für sie war es seinerzeit ein Fiasko, das die Weltmachtordnung neu justierte. England war nach diesem legendären

Sieg die Führungsrolle auf dem Wasser nicht mehr zu nehmen. Das wusste Burkhard, diese Geschichte hatte ihn schon auf dem Gymnasium fasziniert.

Und er hat sich die Geschichte gut gemerkt. 60 Schiffe tummelten sich am 21. Oktober 1805 etwa dort im Wasser, wo heute Jan und Burkhard segeln, 33 Schiffe der Franzosen und Spanier, 27 Schiffe der Engländer unter Führung von Admiral Horatio Nelson. Obwohl vom Schiffsmaterial her in der Minderzahl, schlug der Engländer die feindliche Übermacht. Nelson bezahlte den Sieg mit seinem Leben. Eine Musketenkugel durchbohrte seine Lunge und verschaffte ihm gleichsam Unsterblichkeit. Die siegreichen Matrosen steckten seine sterblichen Überreste in ein Fass mit Rum, schipperten ihn zurück nach England, soffen den Zuckerrohrschnaps aus dem Fass und nannten die ungewöhnliche Brühe »Nelsons Blut«.

England baute seinem Helden Siegessäulen, überall im Land und nicht nur an Londons Trafalgar Square. William Turner verewigte die »Schlacht am Trafalgar« in einem seiner wuchtigen Gemälde, Generationen von Schulkindern in England lernen alle Details der Schlacht – und das nationale Symbol Nelson muss man im Vereinigten Königreich niemandem erklären. Noch nicht einmal in Deutschland werden die Schüler von der Geschichte dieses heldenhaften

Siegs verschont. Burkhard kennt sie noch immer. Und jetzt, an diesem Platz, fühlt er die Schlacht beinahe körperlich nachwirken.

Nur der Holländer spricht von »26 Grad, 10 Minuten, 58 Sekunden Nord und 6 Grad, 1 Minute, 58 Sekunden West.« Burkhard wiederholt die Angaben fehlerfrei. Er wird den Eindruck nicht los, dass Jan es bedauert, bei der Schlacht nicht persönlich dabei gewesen zu sein. Oder wenigstens seine Vorfahren. Er sollte sich täuschen.

Sie segeln zurück. In der Hafenkneipe bestellt Jan zwei Hummer. Er kennt den Wirt sehr gut und ruft Alfonso, der den beiden je ein Glas kalten, trockenen spanischen Weißwein auf die Theke stellt. Der Hummer dauert. Burkhard, der sich einredet, Jans Gefühle zu kennen, will das Gespräch auf die berühmte Schlacht lenken. Vergeblich.

»Weißt du, worüber ich stolz bin?«, insistiert Jan. »Nein, ich weiß es nicht«, antwortet Burkhard, »aber ich kann es mir denken.« »Du kannst es dir nicht denken, weil du die Antwort nicht erwartest«, reagiert Jan trotzig. »Richtig stolz bin ich auf dich, weil du den Schnittpunkt der Erdlinien, die wir kreuzten, auswendig aufsagen kannst, obwohl du eine verdammte Landratte bist.« Er vereinnahmt ihn also als Bruder im Geiste. »Auf den Rum, Nelsons Blut, verzichte ich gerne, das Wasser ist schließlich blau, nicht rot«, philosophiert Jan und lässt die Weißweingläser wieder auffüllen.

Alfonso bringt den frisch gekochten Hummer, einen Korb mit Weißbrot und eine Variation scharfer Soßen. Festes, weißes Fleisch, saftig, mit den Geschmacksnerven spielendes Hummerfleisch. Noch nie zuvor hat Burkhard so eine wunderbare Delikatesse verzehrt. Sie stoßen mit den Gläsern an.

»Das Blau des Wassers treibt mich hinaus, nicht das Rot des Blutes«, sinniert Jan laut vor sich hin. »Aus Kriegsschlachten mache ich mir nichts und sicher wäre die Welt besser dran, wenn es weniger davon gegeben hätte.«

Burkhard ist gerührt. Wer eine gewaltige Seeschlacht als Schnittpunkt zweier imaginärer Linien zu deuten weiß, scheint Züge eines edlen Pazifisten in sich zu tragen. »Die Engländer haben gesiegt, na und?«, relativierte Jan die historische Machtverschiebung im Europa der napoleonischen Vorherrschaft. »Und was haben sie davon in die heutige Zeit herübergerettet?« Die Antwort überlässt er Burkhard: »Nichts«. »Das Meer bleibt blau, auch wenn es mit Blut getränkt wird«, fügt Jan dem einsilbigen »nichts« von Burkhard hinzu. »Wenn es einen Sieger auf Dauer gibt, dann ist es das Meer, das blaue Meer. Blau gewinnt immer.«

Alfonso füllt die Gläser wieder und wieder. Und sie entdecken, wie aus einer Farbe – behutsam zwar, aber ziemlich eindeutig – ein Zustand wird. Das ist aber keine neue Erfahrung. Für beide nicht.

Von Valparaíso nach Venedig

Nennen wir ihn einfach mal Peer Hansen, einen früheren Richter in einer stolzen und prächtigen Hansestadt. Seit seiner Pensionierung schippert er auf Frachtern um die Weltmeere – meistens von Bremen aus und immer mehrere Wochen lang. Es macht ihm Spaß, es füllt ihn aus, und er wüsste nicht, was ihm lieber wäre. Hansen steht auf der Kommandobrücke, unterhält den Kapitän mit seinen Geschichten aus dem reichen Fundus eines Richterlebens und geht auch dem einen oder anderen mal zur Hand, wenn es nicht eine Art der Verrichtung ist, die ihm zuwider ist oder die er unter seiner Würde betrachtet. So jedenfalls hat er es erzählt.

Peer Hansen hat keine Mühe anzuheuern. Er kommt auf jeden Frachter, auf den er will, sagt er und erklärt auch gleich warum. Hansen ist nämlich Präsident einer der zahlreichen nautischen Gesellschaften, der Vereinigung von Schiffseignern, Kapitänen und Schiffsoffizieren. Und so war es für ihn auch selbstverständlich, nach Hamburg zu reisen, als dort ein Vortrag eines prominenten Vertreters anstand – nennen wir ihn Friedhelm Kaiser –, der nicht die Zunft derer »zu Wasser« vertrat, sondern die derer »zu Lande«. Aber Verkehr war ja beides – und die Vertreter der Zunft der Lüfte waren immerhin im Publikum vertreten, wenn auch überwiegend militärischer Provenienz. Zu Lande, zu Wasser und in der Luft. Alle Aggregatzustände waren da, staunte Hansen nicht schlecht.

Beim Afterdinner standen sie bei frisch gezapftem Pils beieinander: der Landmann und der Wassermann. Die Flieger trauten sich erst später an den Stehtisch mit den launigen Gesellen. Der salzige Hering forderte seinen Tribut, die Pilsgläser wurden zügig gekippt, und ein Wort gab das andere. Schnell merkte der Wassermann, dass der vielgereiste Landmann genau dort noch nie war, wo er mit seinem kostenlosen Anheuern auf den Frachtern spielend hinkommt. Es waren für den einen die Orte mit den großen Häfen und für den anderen die Metropolen der großen Geschäfte. Für den einen Sehnsuchtsorte, für den anderen Wallfahrtsorte. Und beide schwärmten von ihren Reisen.

»Waren Sie schon mal in Valparaíso«, fragte schließlich der Vertreter der Nautischen Gesellschaft den Automobilindustriellen etwas spitzbübisch, weil er schon ahnte, dass sein Gegenüber verneinen würde. »Nein, nur in Santiago«. Das zählte aber nicht und das ließ er seinen Gesprächspartner mit einem Informationsschwall über seine urbane Entdeckung an Chiles Küste auch spüren. »Also, sie müssen unbedingt nach Valparaíso, eine der wichtigsten Hafenstädte am südlichen Pazifik, jedenfalls bis zur Eröffnung des Panama-Kanals. Und dort im Hafen gehen sie am Kai entlang bis zur Ecke, an der das Kneipenviertel beginnt. Die Bar rechter Hand, etwa das vierte Haus, ich glaube sie hieß ›Casa Blanca‹, da müssen sie rein. So etwas haben sie auf der Welt noch nicht gesehen: Prall voll, nur Matrosen aus aller Herren Länder mit ihren Bier- und Rumflaschen und auf den Tischen tanzen die schönsten Frauen. Und eine Bombenstimmung ist da. Die Bar ist ein Bild, wie von Toulouse-Lautrec gemalt. Wie man es heute in den durchrationalisierten, entladungsoptimierten Containerhäfen nicht mehr findet.«

Der Landmann schmunzelte und lästerte: »Was soll ich in Valparaíso? Besoffenen Matrosen beim torkelnden Balz um die tanzenden Frauen zuschauen?« »Die sind nicht besoffen, sie sind angeheitert und sehr unterhaltsam. Sie diskutieren laut, sind gescheiter, als wir vermuten und sie zeigen, dass sie eine Würde haben.«

Woran er das mit der Würde festzumachen glaube, versuchte der Landmann sein Gegenüber aufs Eis zu führen. »Das liegt an der Geschichte der Stadt – und die Menschen, auch die Fremden, spüren diese Geschichte, die sich wie der Mantel der Nächstenliebe über die Stadt und besonders über die Bar ›Casa Blanca‹ ausbreitet.«

Und dann legte der pensionierte Richter los, spulte aus dem Kopf die Valparaíso-Seiten eines Lexikons ab: Dass Francis Drake auf seiner Weltumsegelung 1578 die Stadt überfiel, Schiffe erbeutete und Häuser plünderte, dass die Stadt mehrfach durch Erdbeben zerstört und 1866 von der spanischen Flotte angegriffen worden sei, dass der Militärputsch in Chile 1973 von Valparaíso seinen Anfang genommen und der Leichnam Salvador Allendes dort seine letzte Ruhestätte gefunden hätte. Ja, und dass seit dem Ende der Ära Pinochet der chilenische Nationalkongress nicht mehr in der Hauptstadt Santiago tage, sondern – na bitte – in Valparaíso.

Auch wenn die Bierchen munter weitergereicht wurden, der Redefluss des Nautiker-Funktionärs war nicht zu bremsen. Der Industriemanager staunte jedenfalls nicht schlecht über das historische und gesellschaftliche Wissen des Nautikers, der dann zum finalen Überraschungsmoment ausholte: »Ich nehme Sie mit auf einen Frachter, das werden Sie nie mehr vergessen.« Hansen genoss seinen Coup. Aber der Landmann schlug ein – und holte sich den Punkt zurück: »Nach meiner Pensionierung begleite ich Sie. Dürfen Sie denn überhaupt noch jemanden mitnehmen?« »Wenn Sie Geschichten erzählen können, kein Problem. Sie müssen auch nicht wahr sein. Sie müssen nur den Kapitän unterhalten. Und Sie sollten wissen, dass Kapitäne gut ausgebildet, kenntnisreich und immer schweigsam sind.«

Und um sein eigenes Wissen noch spezieller unter Beweis zu stellen, legte der Wortgewaltige mit der Aufzählung von berühmten Valparaíso-Persönlichkeiten nach: Salvador Allende natürlich, den linken Präsidenten, den Augusto Pinochet mithilfe der Amerikaner wegputschte, die Fußballhelden Elias Figueroa und David Pizarro, Chris Watson, der sogar Premierminister in Australien wurde, alle berühmten Schriftsteller einschließlich des aus Chile stammenden deutschen Revolutionärs Gaston Salvatore. Dass »Sting« den Song »Valparaíso« schrieb und komponierte, war nur noch eine Petitesse in seiner Aufzählung – das Stichwort hieß Gaston Salvatore. Und der Nautiker erinnerte sich. Geschichte war schließlich sein Ding.

»Gaston Salvatore ist ein Neffe von Salvador Allende. Für Rudi Dutschke hat er Che Guevaras Aufruf zur Gewalt ins Deutsche übersetzt. Das Pamphlet – mit einem Vorwort von Dutschke – hat in den 68ern die Berliner Studenten auf die Straßen getrieben. Doch aus der Revolution wurde nichts. Dutschke starb durch eine Polizistenkugel, die Studenten beruhigten sich irgendwann wieder, Gaston Salvatore verlegte sich aufs Dichten und Bücherschreiben und gab mit Hans Magnus Enzensberger die Intellektuellen-Zeitschrift ›Transatlantik‹ heraus. Heute lebt Salvatore in einem Palazzo in Venedig und schaut aufs Wasser.« Keine Frage, Peer Hansen war gebildet.

Mit Gaston Salvatore war der nautische Präsident mit seinen Erzählungen in Venedig angekommen. Michel de Montaigne hat in seinem »Tagebuch der Reise nach Italien« – der historischen Zeit gemäß nicht in der Ich-Form, sondern in der dritten Person – die Stadt treffend beschrieben: »Was das Übrige betrifft, sind die Sehenswürdigkeiten der Stadt ja hinreichend bekannt. Der Herr de Montaigne sagte, sie seien ihm anders erschienen, als er sie sich vorgestellt habe, jedenfalls nicht ganz so bewundernswert.« Was ihm auf jeden Fall auffiel und im Gedächtnis blieb, waren die Kurtisanen, »von deren berühmter Schönheit« er nichts entdecken konnte. »Hingegen fand er es höchst erstaunlich, sie in solcher Menge (etwa einhundertfünfzig) vorzufinden und sie zudem an Einrichtung und Kleidung einen fürstlichen Aufwand treiben zu sehen, wo sie doch ausschließlich von diesem Gewerbe leben müssen.« Aufwendiger offensichtlich als in Valparaíso, aber Kurtisanen waren auch dort anzutreffen, wusste jedenfalls Hansen aus eigenem Erleben zu berichten.

Ansonsten war Venedig Fehlanzeige: »Gleichwohl lebt man auf der ganzen Welt nicht preisgünstiger als in Venedig, ist einem doch das Gefolge der Dienerschaft völlig unnütz, da man ohnehin nur allein herumgehen kann und auch für Kleidung kaum etwas ausgeben muss – und keiner braucht ein Pferd.«

Diese Passagen konnte Peer Hansen nicht zitieren. Aber er kannte die Quelle, den Inhalt – und de Montaigne. Und er empfahl die Lektüre. Ob es ihm auf den langen Fahrten nicht langweilig werde, nur Wasser und Horizont und keine Unterhaltung an Bord, wollte Friedhelm Kaiser von ihm wissen. »Langweilig nicht, vielleicht etwas eintönig. Aber wenn man viel zu erzählen weiß, ist das kein Problem.« Im Übrigen stimme es ja nicht immer, dass der Weg das Ziel sei. Ziele seien schließlich auch spannend. In früheren Zeiten seien Passagierdampfer auch nicht unterhaltsamer gewesen als heute Frachter. Und als ob es noch eines Beweises bedurfte, zückte er aus der Brusttasche eine Kopie aus Mark Twains Buch »Post aus Hawaii« über den Zeitvertreib auf hoher See: »Schreibt man über Seereisen, ist es Brauch, im Ton mühsam gezügelter Aufgeregtheit zu verkünden, dass alles, was die trostlose Monotonie der Reise mit neuen Reizen zu würzen versprach, und wenn es noch so trivial gewesen sei, von den Passagieren mit der größten Begeisterung aufgegriffen wurde.« Der häufigste Zeitvertreib der Herren während der Reise sei das Kartenspiel gewesen, »der häufigste der Damen, seekrank zu sein.« Und Damen, so Peer Hansen, seien immerhin auf Frachtern nicht anzutreffen.

Friedhelm Kaiser merkte schnell, dass der Ex-Richter auf alles eine Antwort hatte, eine intelligente zumal. Und dass er die Städte, die er bereiste, ausgesprochen gut kannte, auch deren jeweils historischen und gesellschaftlichen Hintergrund. So sei Venedig immerhin tausend Jahre lang als Republik Venedig eine der bedeutendsten wirtschaftlichen und politischen Mächte gewesen, zähle mitsamt seinen Lagunen zum Weltkulturerbe und leide unter vielen Überschwemmungen, was der überalterten Stadt nun wirklich nicht gut tue.

Alles recht und gut. »Aber warum wollen sie die Kulturen der Welt unbedingt mit einem trostlosen Frachter erforschen«, insistierte der Automann. »Ganz einfach. Ich habe in all den Städten wunderbare Freunde, nicht nur männliche, ja, auch Sirenen, und eine Schiffsreise kann ich mir nicht leisten.« Außerdem verweigere seine Frau glücklicherweise jede Mitfahrt auf einem Frachter.

»Verstehe«, antwortete Kaiser, der zeitliche und intellektuelle Einsatz schien ihm dennoch exorbitant hoch. »Aber für ein Liebesverhältnis muss man doch nicht die ganze Kulturgeschichte dieser Städte wissen.«

»Nein, für ein Liebesverhältnis nicht, aber für meine Frau.« Sie frage nach jeder Reise, was ich gesehen, gelernt und wofür ich die Augen offen gehalten hätte. Und die Monotonie einer Seereise auf einem Frachter sei geradezu prädestiniert, sich durch allerhand Literatur durchzuwälzen. Die Geschichten müssten ja nicht stimmen, die historischen und geografischen Fakten sehr wohl. Die abgegriffene Floskel, dass Reisen bilde, bekäme da auf jeden Fall einen überhöhten Sinn.

Dem Landmann leuchtete die Logik ein, ja sie imponierte ihm sogar. »Die Lüge«, setzte der Nautiker noch einen drauf, sei nicht nur das »Schmiermittel der Gesellschaft«, sondern fördere auch die Gehirnleistung. Man müsse ständig den Denkapparat auf Hochtouren halten, damit man sich nicht verplappere. »Bei der Wahrheit ist das Gehirn nicht gefordert, man erzählt einfach, was war und was ist und man muss sich nicht überlegen, ob die Konstruktion der Lüge ein zweites Mal hält.«

Das eigentliche Problem mit der Wahrheit sei, dass sie uns auch nicht wirklich weiterbringe, gab sich Hansen, intellektuell überlegen fühlend, sicher. »Wenn ich Ihnen wahrheitsgemäß attestiere, dass Sie schlecht aussehen, laufe ich Gefahr, von Ihnen und den Mithörenden diskreditiert zu werden, schlimmstenfalls unterstellt man mir, ich hätte eine schlechte Kinderstube gehabt.«

Nein, das wollte der Frachter-Passagier Peer Hansen auf keinen Fall: »Da schätze ich lieber die Intellektualität der Lüge.«

Friedhelm Kaiser gab sich geschlagen: »Wann fahren wir auf einem Frachter nach Valparaíso?« Das brauche seine Zeit: »Ich muss zunächst nach Venedig.«

Lüge? Wahrheit? Der Nautik-Funktionär ließ den Manager bei der Auflösung alleine. »Denken Sie ruhig mal darüber nach, Sie werden die Segnungen der Lüge schon noch erfahren«, ließ er seinen Gesprächspartner alleine. Hansen bemühte sich in die Schlafstatt. Die Bierchen ließen ihn bei der Unterscheidung von Lüge und Wahrheit offensichtlich im Stich.

Am nächsten Morgen kam Hansen zu Kaiser an den Frühstückstisch: »Ich habe gut geträumt – von Valparaíso und der Bar ›Casa Blanca‹. Ja, und von einer wunderbaren Frau.«

Der Manager fühlte sich vom Nautiker angesteckt. »Ich komme mit auf den Frachter.« Kurze Pause, dann presste Kaiser die Wahrheit durch seine Lippen: »Sie Lügner«.

Flucht aus der Wüste

»Bab Al Shams« bedeutet etwa so viel wie »Das Tor zur Sonne« und ist ein modernes Hotel in der Wüste Dubais, gut eine Autostunde vom Flughafen entfernt. Versteckt hinter gewaltigen Dünen sieht man es erst, wenn man aus der kurvigen Straße heraus die Höhenlage erreicht und kurz vor der breiten, mit Palmen umsäumten Hotelvorfahrt steht. Eine Anlage im kitschigen Stil verwunschener Wüstenbauten, Haus an Haus, nicht sehr hoch und alle Mauern beige-grau getüncht. Es braucht etwas Phantasie, um sich dahinter ein »architektonisches Wunder« vorzustellen, wie das Refugium im Reiseprospekt gepriesen wird.

Carsten steuerte seinen Toyota Landcruiser durch das Eingangstor direkt vor die Hoteleinfahrt. Zwei hilfswillige Geister rannten bereits nach der Tordurchfahrt dem gemieteten Fahrzeug hinterher und öffneten die Heckklappe, noch bevor die Insassen aussteigen konnten. Waldemar streckte die Arme breit aus und versuchte, bei der leicht staubigen Luft wenigstens die Einbildung zu retten, dass es sich um gute Luft handele. Diana und Ilona rümpften gleich die Nase. Betreten gestanden sie sich ein, ganz offensichtlich eine Fehlentscheidung mitgetragen zu haben. Die Temperatur war erträglich, die Sonne brannte nicht mehr, und schnell wurde es Nacht.

Es sollte ein besonderer Törn auf die arabische Halbinsel werden, eine Mischung aus Wasser und Sand. Fünf Tage sind sie vor der Küste Abu Dhabis im Persischen Golf auf einer großzügigen Yacht aus südafrikanischer Produktion gesegelt. Ein Traum. Immer Wind, nicht zu garstig, aber ausreichend für acht bis zehn Knoten. Feinstes Essen an Bord, arabische Schmankerl und ausreichend gekühlten Chardonnay aus Neuseeland. Alle haben sich an Bord wohlgefühlt, und auch die zum Teil stechende Sonne konnte ihnen nicht wirklich etwas anhaben.

Störend empfanden die vier Globetrotter auf dem Wasser nur in Küstennähe die Hochhäuserfront von Abu Dhabi, aber dieses Ungeheuer verschwand mit zunehmender Entfernung von der Marina. Für Unterhaltung sorgten Delphine, die sie begleiteten. Und wenn es gegen Spätnachmittag in den Hafen zurückging, ersetzte das Red-Bull-Spektakel der kreischenden Kunstflieger die Delphine. Die artistischen Vorführungen waren eine perfekte Show, die Flugbewegungen zuerst in den azurblauen Himmel gemalt, bevor die Piloten mit ihren Kamikaze-Kisten durch knapp über dem Wasser aufgebaute Tore donnerten.

An einem Nachmittag leistete sich das Abenteurer-Quartett einen Ausflug in einem Speedboot. Carsten und Waldemar standen in der ersten Reihe, Diana und Ilona in der zweiten. Sitzgelegenheiten gab es nicht. Man musste stehen und sich an hohen Metallbügeln mit Gummigriffen festhalten. Breitbeinig, um Sicherheit zu haben. Der Fahrtwind peitschte ins Gesicht und bei Wellengang schmerzten die eisenharten Fontänen, die Kärcher-Hochdruckreinigern in nichts nachstanden.

Omar, wie sie den Speedboot-Steuermann nannten, düste die vier Segler auf eine kleine Insel. Das Dinner war schon vorbereitet, Feuer brannte unter dem Grillgitter, der Weißwein in Eiskübeln. Und alles spielte sich am Strand ab, unmittelbar vor dem Wasser. Wie in einem Märchen aus tausendundeiner Nacht. An dem mit weißem Tuch gedeckten Tisch nahmen Carsten und Diana, Waldemar und Ilona Platz. Der Bordeaux half, die Stimmung zu heben, während Omar den drei bildhübschen arabischen Frauen beim Grillen und Servieren als Assistent diente. Die Damen waren beim Eintreffen noch in Ganzkörperschwarz gehüllt, entledigten sich aber rasch ihres religiöskulturellen Outfits. Und unter ihren Kutten trugen sie gefällige Mode aus pakistanischer Produktion. Carsten und Waldemar stierten auf die hübschen Araberinnen, was bei Diana und Ilona nicht unbemerkt blieb. »Glotzt nicht so gierig«, ereiferte sich Diana. »Wir wollen schließlich das Essen genießen und dem Rauschen des Meeres lauschen.« Carsten und Waldemar fühlten sich ertappt. Es störte sie aber nicht weiter.

Omar grillte den frischen Fisch, verfeinerte ihn mit Salz und Pfeffer und geizte nicht mit orientalischen Gewürzen. Die reizenden Assistentinnen bereiteten den Salat zu: grüne Blätter, Tomaten, Pepperoni und reichlich Olivenöl. Sie schenkten mit ihren gleichermaßen graziösen wie stolzen Bewegungen den samtweichen, schweren Rotwein ein, füllten die Wassergläser und servierten Weißbrot. Olivenöl tröpfelten sie auf kleine Teller, gaben Salz und Pfeffer dazu und animierten die staunenden Gourmets, das ölgetränkte Brot zu kosten.

Carsten fand als erster wieder Worte, nachdem das Zeremoniell der Essensvorbereitung und des Servierens am Tisch sich dem vorläufigen Ende neigte. »Was jetzt noch fehlt, ist eine knackige Jazz-Band, Dixi-Jazz natürlich, damit der Rhythmus zum Essen stimmt.« Aber er fand nicht unbedingt Zustimmung bei den mitgereisten Damen. »Wir sind doch nicht in New Orleans, sondern in den Emiraten«, geiferte Ilona zurück. »Und wenn schon Musik, dann einheimische, arabische Folklore.« Carsten grauste es davor und seinen Gesichtszügen merkte Ilona das auch an.

Omar servierte den Fisch, riesige Seezungen, dick und saftig. Die vier Wüstenneulinge filetierten den Meeresfang, bissen hinein und zeigten sich offensichtlich begeistert von Aroma und Konsistenz des Fleisches. Unbemerkt stellte Omar einen Lautsprecher in die Nähe des Tisches und legte eine CD in das elektronische Gerät – arabische Musik, für Mitteleuropäer nicht unbedingt aufheiternd. Carsten und Waldemar schauten sich an, Diana und Ilona, eher dem Weißwein zugetan als dem Bordeaux, schnippten mit den Fingern und die Assistentinnen imitierten einen Hauch von Bauchtanz. Satt sackten die Gäste nach dem köstlichen Mahl in ihre Stühle, blieben noch lange sitzen und gefielen sich mit Anekdoten beim Wein. Wäre da nur nicht der Heimweg auf dem Gewässer des Persischen Golfs.

Die Rückfahrt nach Abu Dhabi erfolgte bei Nacht in gleicher Formation: Carsten und Waldemar vorne, Diana und Ilona hinten. Omar gab Gas und bretterte das Speedboot durch das Schwarz des Meeres und des Himmels. Dann ein harter Schlag, die fünf Boatpeople presste es mit Wucht in die Metallbügel – und das Boot stand. Festgefahren auf einer Sandbank. Alle aussteigen, schieben und drücken, um den Kahn wieder flott zu bekommen, befahl Omar. Keine Chance, das Boot hatte sich zu tief in den Sand gegraben. Zu den Schmerzen des Aufpralls kam noch die kalte Nässe der Kleider an den Körpern. Diana und Ilona waren den Tränen nahe. Carsten, Waldemar und Omar wollten es wissen, mit aller Kraft, mit aller Gewalt. Vergebens. Omar zückte sein Handy und rief den Besitzer einer luxuriösen 30-Meter-Yacht, um das festgefahrene Speedboot aus den Krallen des tückischen Untergrunds zu befreien.

Es dauerte eine Ewigkeit, bis das frierende Quintett endlich die rettenden Lichter sah. Aber die Hoffnung hatte getrogen, die ganze Kraft der Yacht reichte nicht, den verkeilten Renner zu befreien. Entweder rissen die Taue und wenn sie nicht rissen, blieb die Yacht ungerührt stehen. Das Speedboot spielte Anker und die Vier aus dem Abendland gewöhnten sich an den wärmenden Gedanken, vom Kapitän der Yacht aufgefischt zu werden.

Der aber dachte nicht daran, sondern drehte bei. Alle Hoffnung schien zu schwinden. Carsten fluchte vernehmbar, was Omar aber nicht aus der Fassung brachte. Plötzlich wendete der Schiffskapitän und brauste mit voller Kraft und dem nötigen Abstand an dem gekenterten Boot vorbei. Die Wellen schlugen hoch, Omar dirigierte seine Gäste in das Rennboot und alle schauten fasziniert der seemännischen Aufführung zu. Ungefähr vier Mal wiederholte der Kapitän diese Nummer, so lange, bis die Wellen das festgefahrene Boot aus seiner Verankerung schaukelten.

In geschmeidigem Tempo erreichten sie die Marina von Abu Dhabi. »Respekt, Omar«, beglückwünschte ihn Carsten, als sie das Speedboot in Richtung Hotel verließen. Sie duschten, schlüpften in warme Hosen und Pullover und gönnten sich noch ein letztes Bier auf der Zimmerterrasse von Carsten und Diana. An die Bar wollte keiner mehr.

Am nächsten Tag packten sie ihren Landcruiser und fuhren die Küstenstraße entlang Richtung Dubai, direkt ins Bab Al Shams. Die Fahrt war ermüdend, auch wegen der Hitze, aber besonders als Folge der unwirtlichen Eintönigkeit. Und sie waren hungrig. Bei gekühltem Chablis saßen sie dann auf Teppichen im Desert-Restaurant Al Hadheerah, die Beine im Schneidersitz gekreuzt und die oberen Knöpfe der Hemden geöffnet, die Männer mehr, die Frauen weniger. »Wir wissen, was sich in diesem Land gehört«, echauffierte sich Ilona, als Carsten meinte, die Damen könnten wegen der angenehmen Temperaturen an ihren Blusen mehr Knöpfe öffnen.

Das Essen, gegrilltes Lamm und üppige Salatvariationen, war exzellent und reichlich, und alle fühlten sich überaus gesättigt. Eine friedvolle Stille umgarnte sie. Selbst die Wasserpfeife machte die Runde – und niemand verweigerte sich dem süßlichen Duft des Rauches. Sie hatten das gemeinschaftliche Gefühl, angekommen zu sein.

Bis Carsten schelmisch in die Runde fragte: »Was haben wir eigentlich in der Wüste zu suchen, wir eingefleischten Segler?« Schweigen – den anderen war nicht nach Diskussion. »Nichts als Sand, Sand und nochmals Sand.« »Immerhin genug und gut zu trinken, das muss doch reichen«, raunzte ihn Diana an. Aber Carsten gab keine Ruhe. »Worin liegt denn die Gemeinsamkeit von Meer und Wüste?«, nörgelte er missmutig in die Gesichter seiner Truppe. Ilona hatte nur eine abfällige Antwort übrig: »Es gibt keine Gemeinsamkeit.« Diana versuchte die Weite des Meeres mit der Weite der Wüste in Einklang zu bringen, eine vergebliche Liebesmüh. Nur Waldemar fand eine zutreffende, gleichwohl unpassende Antwort: »In beiden Elementen kann man verdursten, wenn das Trinkwasser fehlt.« Na immerhin, daran sollte es nicht mangeln. Und auch nicht an Wein.

Die Nacht war kurz, der Morgen noch jung. Einer nach dem anderen schlich gähnend auf die Terrasse vor ihren nebeneinanderliegenden Zimmern. Sie merkten zunächst nicht, was sich in ihrer Umgebung verändert hatte. Es war noch erfrischend kühl, und dem Licht fehlte – anders als am Abend – jegliche Wärme. Es war eigentlich grell, beißend und unwirklich. Doch dann rieb sich Ilona die Augen, sagte aber kein Wort.

Nur Carsten sprach aus, was alle plötzlich sahen und nicht glauben wollten: »Wow, einfach irre.« Etwa 15 Springböcke standen aufgereiht auf der Kammlinie der Düne, ihre Körper vor dem Blau des Himmels posierend und die Köpfe in Richtung Hotelanlage gedreht. Ein eindrucksvolles Bild, ungewöhnlich und unerwartet. Die schläfrigen Wüstenbanausen wagten nicht zu schnaufen, Hobbyfotograf Waldemar vergaß sogar, mit seiner Nikon zu zoomen. Nur Ilona löste die Starre der Stille: »Wie in der besten Wilddoku.« Vielleicht etwas zu laut, die Böcke waren auf einen Schlag weg. Verschwunden hinter der Düne, mit einem Sprung. Synchron, wie einstudiert.

Alle schauten sich entgeistert an. Carsten fand als erster wieder Worte: »Das passiert uns auf dem Wasser nicht.« Wie wahr und irgendwie doch überflüssig. »Als ob wir wegen der Springböcke die Wüste gesucht hätten«, entgegnete ihm Ilona. Und Waldemar ergänzte:

»Die Wüste ist wohl doch kein passender Ort für Menschen mit einer großen Sehnsucht nach dem Meer.«

Sie packten ihre Koffer, Waldemar fotografierte noch die haushohen Dünen vor dem Hotel und dann fuhren sie zügig nach Dubai, direkt zur Marina. »Vielleicht ist ja die Wüste die Fortsetzung des Wassers an Land«, versuchte Diana den von Waldemar hingeworfenen Gesprächsfaden wieder aufzunehmen. »Zumindest für den, der die Einsamkeit sucht«, fügte sie erklärend hinzu.

»Bestimmt nicht«, entgegnete Waldemar trocken. Er war bedient. Und wollte nicht mehr wahrhaben, dass Diana eigentlich recht hatte. Auch nicht, als sich Carsten einmischte: »Gäbe es in der Wüste Wasser, wäre es keine Wüste mehr.« Aber philosophieren wollte jetzt keiner mehr. Jedenfalls nicht in der Marina von Dubai.

Die deutsche Art

Sieben Uhr morgens. Es ist eine unchristliche Zeit, noch nicht einmal einen Hund jagt man im Urlaub so früh vor die Tür. Aber Gianluigi kennt keinen Schmerz: Um sieben Uhr wird belegt, nicht früher, nicht später. Das weiß der großgewachsene, athletisch aussehende Italiener aus Turin, der bei Fiat in der Einkaufsabteilung einen gut dotierten Job hat. Jeden Morgen das gleiche Ritual, ein paar Holländer und massenhaft Engländer legen ihre Handtücher auf die zu knapp abgezählten Liegestühle am Swimmingpool des Fünfsternehotels an der Costa Blanca. Immer gleich zwei solcher Stühle werden von jedem dieser Handtuch-Imperialisten beschlagnahmt. Um sieben Uhr sind noch keine Reinigungskräfte und keine Hotel-Ordner zu sehen.

Gianluigi braucht fünf Liegestühle: Zwei für sich und seine attraktive Frau Sophia, zwei für seine immer zu lauten Balgen Roberto und Pietro und einen für

Mama. Mama ist Gianluigis 69jährige Mutter und heißt Giana. Aber alle rufen sie nur Mama, die Familie, die Verwandtschaft und die Nachbarn ihres schmucken Häuschens am Rande von Turin, in dem drei Generationen leben. Mama ist wohlbeleibt und nicht mehr gut auf den Beinen. Aber sie hat eine unumstößliche, klare Weltanschauung, geprägt von der katholischen Kirche. Früher soll sie sehr schön gewesen sein, so schön wie Sophia, weiß schließlich Gianluigi aus eigener Erinnerung.

Und da Mama schon mal im Urlaub mit dabei ist, hat sie auch eine Aufgabe. Jeden Morgen, das hat ihr Gianluigi aufgetragen, setzt sie sich ab sieben Uhr auf einen Liegestuhl und bewacht die nebenstehenden vier Outdoor-Schlafmöbel – so lange, bis die Restfamilie nach dem Frühstück einfällt. Mama nimmt ihre Aufgabe ernst, liest gelangweilt in Klatschmagazinen und beißt hin und wieder in einen von der Rezeption mitgenommenen Apfel. Angezogen sitzt sie da, in einem leichten Sommerkleid. Sich in einen Badeanzug zu zwängen, käme ihr nie in den Sinn. Kommt einer der Engländer den vier Liegen zu nahe, kreischt Mama laut: »No, no, occupato«. Das versteht auch der gemeine Engländer – und verzieht sich.

Mama mag die Engländer nicht. Zwar sind Italiener auch laut, aber der Gesang ihrer Sprache macht sie eher sympathisch, verteidigt Mama ihre Landsleute. Engländer sind laut und ihre Tonlage klingt in Mamas Ohren schrill. Und Engländer sind tätowiert: Nicht mit geschwungenen Ornamenten wie bei italienischen Friseurinnen, nein, sie tragen martialische Motive an den Oberarmen: Gewehre, Dolche, Totenköpfe und Fahnen. Und katholisch sind die Engländer ja auch nicht, gibt sie ihre vom heimatlichen Priester übernommene Weisheit an geeigneter Stelle bisweilen zum Besten.

Rolf und Sylvia sind inzwischen schon drei Tage in dem Luxushotel. Es sind schöne Tage mit wohltuenden Temperaturen und einem leicht kühlenden Wind von der See. Sie schaffen es meistens gegen elf Uhr zum Pool, sehen die überwiegend menschenleeren, aber mit Handtüchern belegten Liegestühle und ziehen weiter an den Strand. Das Problem ist nur: Sylvia will endlich auch einmal in den Pool und hinterher auf einer Liege in der Sonne dösen. »Ohne den lästigen Sand an den Füßen und zwischen den Zehen«, wie sie Rolf beim Spaziergang durch die Hotelanlage freundlich, aber bestimmt zu verstehen gibt.

Am nächsten Morgen quält sich Rolf um sieben Uhr aus dem Bett, torkelt noch schlaftrunken nach unten und belegt zwei Liegestühle mit seinen großen, bunten Handtüchern. Mama sitzt bereits in ausreichender Entfernung auf einem der Gartenmöbel und lenkt ihr scharfes Auge auf die vier zu bewachenden Liegen. Es ist noch kein Holländer in Sicht, auch kein tätowierter Engländer. Nur der Bademeister. Und der bedeutet Rolf höflich in gut verständlichem Deutsch, dass man diese »deutsche Art« im Hotel nicht schätze: »Liegestühle mit Handtüchern reservieren ist nicht gestattet.«

Rolf fühlt sich vor den Kopf gestoßen. Er versteht zwar das Anliegen des Bademeisters, ja, er begrüßt es sogar. Aber er hat doch keine andere Wahl, wenn er für sich und seine Frau eine Liege ergattern will, sagt er eher zu sich, aber doch so, dass es der Bademeister hören konnte. Und im Übrigen: Was heißt schon »deutsche Art«? Es sind doch Holländer, Italiener und hässlich aussehende Engländer, die das Ritual täglich exerzierten? Allein der Bademeister lässt sich nicht beirren: »Nein, diese ›deutsche Art‹ ist nicht nur nicht erlaubt, sondern ganz und gar unerwünscht.« Der Bademeister dreht sich um und verschwindet in den Weiten der Hotelanlage.

Kaum war die weißgekleidete Amtsperson weg, waren sie da, die Tätowierten – und huldigten hingebungsvoll der »deutschen Art«. Kurzerhand belegte Rolf zwei Liegen mit seinen Handtüchern, verschwand wieder ins Bett an Sylvias Seite und berichtete von seinem Erlebnis. Sylvia war zufrieden: »Ich danke dir. Offensichtlich liebst du mich ja doch.«

Das Frühstück, das sich Rolf und Sylvia jeden Morgen gönnen, ist opulent: Obst, Joghurt, zwei Spiegeleier mit Speck, frisch gepressten Orangensaft und Kaffee. Es reicht in aller Regel gut und gern bis zum Abendessen, so, wie sie es auch wollen. Und sie lassen sich Zeit für ihr Frühstück, packen hinterher die Badesachen, ausreichend Literatur, Sonnencreme und passende Kopfbedeckungen ein und schreiten, die salzhaltige Luft tief einatmend, Richtung Wasser. Die ersten Tage an den Strand, heute endlich mal an den Pool. Endlich, weil es Sylvia so will.

Zielsicher steuert Rolf in die Ecke, in der er Liegen belegt hat. Sie sind tatsächlich belegt, aber von Engländern. Und seine Handtücher liegen verstreut auf dem angrenzenden Rasen. Rolf spricht die beiden in feinstem Englisch an und bedeutet ihnen, dass er diese Liegestühle heute früh um sieben Uhr mit seinen Handtüchern reserviert habe. Doch die beiden geben sich cool: »It's not allowed to occupy the chairs, the Hotel-Management doesn't like this German way«, raunzt der vor ihm liegende Engländer barsch, ein Hüne von Gestalt. Da fehlen Rolf buchstäblich die Worte, er schüttelt den Kopf – und Sylvia schaut ihn nur noch mitleidig an.

Rolf kann die Empfindungen der Spanier für die Deutschen nachvollziehen. Angela Merkel zwingt die »Schuldnerstaaten« zu harten Sparmaßnahmen, die Arbeitslosigkeit greift in den PIIGS-Ländern um sich, also in Portugal, Italien, Irland, Griechenland und Spanien. Und PIIGS, in Anlehnung an »pig«, Schwein also, ist garantiert auch eine Wortschöpfung deutscher Finanzpolitiker und Bankiers, die insinuieren soll, dass die faulen Südländer endlich aus ihrer Hängematte steigen, in die Hände spucken und ihr Bruttosozialprodukt steigern sollen. Ja, er kann die Gefühle der Spanier nachempfinden. Aber was hat der Engländer für ein Motiv? Deutschfeindlichkeit? Der letzte Weltkrieg liegt doch schon beinahe siebzig Jahre zurück.

Also gehen Rolf und Sylvia wieder zum Strand. Aber Sylvia ist irgendwie angesäuert und zeigt es auch. Sie breiten die Handtücher aus, setzen sich und schützen sich mit Sonnencreme, Lichtschutzfaktor 30. Eine Brise – und die beiden sehen aus wie panierte Schnitzel. Sylvia springt ins Wasser, legt sich, ohne sich abzutrocknen wieder auf das Handtuch und versucht mit geschlossenen Augen das Fiasko zu überstehen. Rolf mag das Herumliegen ohnehin nicht und geht am Ufer entlang, gerade so, dass nur die Füße vom Wasser bedeckt sind und bei Wellen allenfalls noch die Knie nass werden.

Sylvia weiß nicht, wie lange sie gedöst hat. Irgendwann öffnet sie die Augen, setzt sich hin und sieht in geschätzt dreihundert Meter Entfernung Rolf mit einer gutaussehenden Frau mittleren Alters reden, weniger flirten, dem Augenschein nach eher ernsthaft, ja leicht gestikulierend. Haben die beiden Streit?, fragt sich Sylvia. Kennt er diese Frau? Seltsam. Sylvia schaut dem Strandtheater angestrengt zu, findet aber keine Erklärung. Dann küsst Rolf die Frau links und rechts auf die Wangen, die beiden gehen auseinander, jeder in eine andere Richtung. Rolf steuert zielstrebig auf Sylvia zu.

»Was war denn das?«, empört sich Sylvia, als Rolf wieder neben ihr auf dem Handtuch Platz nimmt. »Was?«, fragt Rolf unschuldig zurück und versucht, von dem Thema abzulenken. »Na, die seltsame Unterhaltung mit einer Frau, die du auch noch geküsst hast.« »Ach, das«, erwidert Rolf ausweichend. »Komm schon, rück' endlich raus mit der Sprache.« Sylvia ist sichtlich gereizt und Rolf spürt das auch. »Es war eine Jugendfreundin, ich war mal mit ihr zusammen, schon lange her. Ein Zufall, dass wir uns hier getroffen haben.« »Aber warum stellst du sie mir nicht vor?« »Warum sollte ich, ich kenne sie eigentlich gar nicht mehr. Sie ist eine fremde Frau.« »Ach so, und du küsst einfach fremde Frauen am Strand.«

Rolf ging die Fragerei auf die Nerven, er stand auf und bewegte sich lustlos ans Wasser. Eifersüchteleien mochte er nicht, vorwurfsvolle Sprüche schon gleich gar nicht. Und Frauen bringen ihn grundsätzlich etwas aus dem Lot, vor allem Frauen, für die er etwas übrig hatte oder noch immer übrig hat. Es gibt ja wirklich Dinge auf der Welt, die noch nicht hinreichend geklärt sind. Die Beziehung zwischen Mann und Frau aber, meint Rolf beim Selbstgespräch am Strand, dürften ausreichend erforscht sein. Nur, er findet offensichtlich genau dafür keine Antwort. Der Tag war jedenfalls gelaufen. Für Sylvia sowieso, schon, weil es mit den Liegestühlen am Pool nicht geklappt hat. Den Gedeck- und Serviettenfaltkurs, für den sie sich heute im Hotel angemeldet hatte, ließ sie verstreichen.

Am nächsten Morgen versuchte Rolf Wiedergutmachung. Schon vor sieben Uhr war er am Pool und belegte zwei Liegen. Doch dieses Mal nicht mit Handtüchern – der Bademeister monierte ja nur die Reservierung mit Handtüchern –, sondern mit zwei Büchern: Hans Conrad Zander, »Zehn Argumente für den Zölibat«, und Charles Dickens, »Hard Times«. Zumindest Dickens müsste die bald auftauchenden Exzentriker mit ihrer Psycho-Schlagseite abschrecken. Das Buch über den Zölibat war für Sylvia gedacht.

Rolf wartete in gebührendem Abstand, nichts sollte mehr schiefgehen. Mama saß schon wieder breit und wuchtig auf einem Gestell und bewachte die vier zusätzlich okkupierten Möbel. Tatsächlich, die Engländer starrten kurz auf die Bücher, schauten sich an – und belegten in einer anderen Ecke. Für Rolf ein Triumph: »Vor inszeniertem Geist gehen die Plebejer in die Knie«, murmelte er leise vor sich hin.

Nach dem Frühstück bewegten sich Rolf und Sylvia zum Pool. Er hatte ihr bereits beim letzten Marmeladebrötchen angekündigt, dass es heute mit den Liegen am Pool klappen werde. Ein genialer Trick, der ihm da eingefallen sei. Und es sei bestimmt nicht die »deutsche Art«.

Sylvia zeigte sich versöhnt. Doch beim ersten Blick auf die Gartenmöbel gefroren Rolf die Gesichtszüge und Sylvia erstarrte: Seine Jugendliebe, die Frau, die Rolf gestern am Strand geküsst hatte, saß auf einem der beiden Gestelle.

»Ich dachte mir schon, als ich die Bücher sah, dass das nur eure Liegen sein können«, schwadronierte sie laut und unbekümmert, als die beiden auf sie zukamen. Sie begriff allerdings sofort, als sie in die ernsten Augen schaute. »Ja, und da dachte ich, dass Du mich deiner Frau einmal vorstellst.«

Rolf war sprachlos, wie schon mehrmals in diesem

Urlaub. Sylvia aber streckte ihr die Hand hin und stellte sich vor. Die Frau auf dem Liegestuhl tat es ihr gleich: »Andrea, einfach zu merken.« Stand auf und wünschte den beiden noch einen schönen Tag.

»Jetzt weiß ich wieder, wie sie heißt«, flötete Rolf leicht verlegen zu Sylvia. »Das kannst du dem Bademeister erzählen«, erwiderte sie kühl. »Mir jedenfalls nicht, ich glaube dir kein Wort.« Sie legte sich auf die Liege und drehte ihm den Rücken zu.

Rolf ärgerte sich. Warum muss sie ausgerechnet im gleichen Hotel Urlaub machen und dann noch dreist meine Nähe suchen?, fragte er sich beinahe hilfesuchend. Ich habe ihr doch gesagt, dass ich mit Sylvia in diesem Hotel sein werde.

Ja, das hatte er ihr gesagt. Und Andrea hat es auch verstanden. Wortwörtlich musste sich Rolf eingestehen. Nicht dem Wortsinn nach.

Warten wie Penelope

Ich habe erfahren, dass jenseits von Ultra-ultra-ultramarinblau noch eine Steigerung möglich ist. Ich habe während dieser einen Woche mehr und vor allem besser gegessen als jemals zuvor in meinem Leben und weiß (bei entsprechendem Seegang) um den Unterschied von ›Rollen‹ und ›Stampfen‹ des Schiffs. Ich habe mit eigenen Ohren gehört, wie ein Alleinunterhalter vor Publikum sagt: ›Okay, jetzt aber Scherz beiseite …‹ Ich habe blasslila Hosenanzüge gesehen, Sakkos von menstrualem Rosa, braun-violette Trainingsanzüge und weiße Freizeitschuhe, die ohne Socken getragen wurden. Ich habe erwachsene US-Bürger gehört, erfolgreiche Geschäftsleute, die am Info-Counter wissen wollten, ob man beim Schnorcheln nass wird, ob das Tontaubenschießen im Freien stattfindet, ob die Crew ebenfalls an Bord schläft oder um welche Uhrzeit das Midnight-Buffet eröffnet wird.«

David Foster Wallace, Jahrgang 1962, zählt zu den

bedeutendsten amerikanischen Autoren seiner Generation. 1995 bestieg er das Kreuzfahrtschiff »Zenith« und ist von Key West aus in See gestochen. Seine Erlebnisse hat er niedergeschrieben und in dem Buch »Schrecklich amüsant – aber in Zukunft ohne mich« veröffentlicht. Die Kreuzfahrtwirklichkeit ist nicht »schrecklich amüsant«, sondern schrecklich grausam, wenn an Bord der »kompromisslose Service« und die Bevormundung unter dem Begriff »Verwöhnen« eine unheilige Allianz eingehen: »Lassen Sie sich verwöhnen wie noch nie zuvor in Ihrem Leben …«. Oder: »Gönnen Sie sich etwas. Warum lassen Sie sich nicht einmal von der milden Brise auf den Bahamas streicheln?«

Das gönnte sich David Foster Wallace. Er durfte »blasslila Hosenanzüge« und »braun-violette Trainingsanzüge« bestaunen. Und lernen, dass das Midnight-Buffet auch für amerikanische Geschäftsleute um Mitternacht eröffnet wird. Der Reiseschriftsteller rechnete mit Kreuzfahrten ausgerechnet zu einer Zeit ab, als diese den größten Boom in ihrer Geschichte erfahren durften. Jetzt, als ob die Menschheit noch schnell das Gefühl auf der Arche Noah kennenlernen will, bevor der Planet im Meer versinkt. Millionen Passagiere werden es Jahr für Jahr sein, immer mehr und mindestens eine Million Deutsche, die von der Sehnsucht nach der Weite des Meeres träumen, vierstellige Euro-

oder Dollarbeträge für ein Ticket über den Tresen schieben und voller Enthusiasmus die Gangway hinaufklettern.

Auch Bettina. Dunkelbraune Haare, groß gewachsen, lange Beine, etwa um die 40, erfrischend fröhlich und auch sonst nicht auf den Mund gefallen. Von Kreuzfahrten hatte sie schon einiges gehört, auch vom Publikum an Bord, ohne dass sie David Foster Wallace zuvor gelesen hätte. Sie machte sich keine Illusionen und von den PR-Sprüchen, dass die Welt auf dem Dampfer ein wunderbarer Ort zum »Verwöhnen« sei, ließ sie sich nicht einnehmen. Dafür steht sie zu sehr mit beiden Beinen auf dem Boden, ist mit ihrem Job an den Stellhebeln der Macht in einem Konzern zu sehr eins und kann Wunsch und Wirklichkeit unterscheiden.

Im Juni stieg sie erstmals in ihrem Leben die Gangway eines Kreuzfahrtschiffes hinauf. Es war in Kiel »Mein Schiff 2« von TUI, und die Zehn-Tages-Reise führte über Stockholm, Tallin, St. Petersburg, Helsinki, Riga und Danzig wieder zurück nach Kiel.

Sie musterte das Publikum, vom Alter her gemischt, aber tendenziell deutlich älter als sie. Die Besatzung überfreundlich, mehr als bemüht und dem Passagier immer das Gefühl vermittelnd, er dürfe alles, sich nur nicht langweilen. Die zahlreichen Bars und

Restaurants waren einladend, die Teppichböden hielt sie für zu bunt, dagegen die gebuchte Außenkabine mit Balkon vom Feinsten. Bettina versöhnte sich schnell mit der Aussicht, zehn Tage die endlose Ostsee als einzigen Blickfang nach dem Aufwachen in Augenschein zu nehmen. Es hatte auch sein Gutes: Niemand konnte sie auf dem Balkon sehen, wenn sie nach dem Aufstehen im Bademantel noch einige Zeit im Liegestuhl den leichten Wind genoss. Und das war aus ihrer Sicht überwältigend.

Vieles war neu für sie und manches ungewohnt für ihren Rhythmus. 24 Stunden Essen und Trinken, wann immer der Körper danach verlangte. Jogger umrundeten auf Deck das Schiff, im Pool zogen junggebliebene Alte ihre Bahnen und stählten gleichsam ihre Bodys, im Fitnessraum trainierten ältere Magersüchtige das letzte Gramm Fett weg, in den Whirlpools vergnügten sich die Bordschönheiten und abends orgelte eine Band nach der anderen in den Bars das ganze Programm herunter. Der »Mann am Klavier« verlangte »noch ein Bier« und klimperte nach einem strammen Zug aus dem Glas »Marina, Marina, du bist ja die Schönste der Welt«, während ein einsamer Vagabund an der Reling »Blowing in the Wind« pfiff. In der Galerie waren Gemälde von Udo Lindenberg zu bestaunen, seine »Likörelle«, Bilder also, die er nach eigenen Angaben mit Eierlikör malt und die auf potente Käufer warten. Wirklich störend waren nur die Fernseher in den Bars und auf den Fluren, die von morgens bis abends mit ihren Programmen von CNN und n-tv die Schreckensnachrichten der Welt an Bord holten: Afghanistan, Griechenland, NSA-Affäre und zu allem Übel die Kurse der internationalen Börsen. Aber da schaute ohnehin nur angestrengt hin, wer etwas zu verlieren hatte.

Bettina lernte schnell, diese neue Welt zu genießen. Der größte Luxus war für sie, dass sie in den Häfen immer ihr Zimmer dabei hatte. Ob Stockholm, Tallin oder Danzig – nirgendwo musste sie in einem Hotel absteigen. Kein Kofferpacken, nein das Hotelzimmer war immer in ihrer Nähe: Die geräumige Kabine an Bord des Kreuzfahrtschiffes. Das hatte für sie etwas. Und schnell lernte sie, wie David Foster Wallace, dass »jenseits von Ultra-ultra-ultramarinblau noch eine Steigerung möglich ist«.

Früher waren Bahnhöfe so etwas wie Sehnsuchtsorte. Wie kein anderer Platz eigneten sie sich als ideale Kulisse für Filme oder Romane, für die großen Dramen genauso wie für die alltägliche Leichtigkeit des Reisens. Man kam an, ging den Bahnsteig entlang, staunte über die Großzügigkeit der Architektur, über die Höhe der Halle, die in Gedanken auch als Kathedrale durchgehen konnte – und war mitten in der pulsierenden Stadt. Heute haben Bahnhöfe von diesem Glanz verloren, auch wenn – wie in Stuttgart, Berlin und München – um diese steingewordenen Symbole der Sehnsucht nach Ferne heftig gestritten wird. Aber das macht die Bahnhöfe nicht wirklich reizvoller.

Vielleicht ist der Kai oder die Landungsbrücke im Kreuzfahrthafen heute der Ersatz für den Bahnhof, fragte sich Bettina. Kein Prachtbau, eher ein langweiliger breiter Platz. Gewaltig wirkt nur das monströse Verkehrsmittel, das in seiner Dimension ganze Sportplätze ausfüllt. Ein Blick vom obersten Deck – und es wird einem schwindlig. Es ist, was Bettina so schätzt, ein Hotel auf großer Fahrt. Ob sich die Landungsbrücke als Schauplatz für herzzerreißende Abschiede auf Leinwand eignet? Sehnsüchte von verliebten Reisenden kann man jedenfalls auch dort perfekt inszenieren; es muss nicht immer ein Bahnhof sein. Nur der Begriff »Aufenthalt« passt nicht in die Dramaturgie. Dafür muss schon das Schiff herhalten, das Kreuzfahrtschiff, die moderne Kathedrale auf dem Wasser. Aufenthalt auf dem Bahnhof, ja das stimmt. Aufenthalt am Kai, da fehlt etwas – etwas, das den Raum für das Warten begrenzt. Nein, dieser Raum mit Höhe, Breite, Länge und Tiefe, den vermittelte Bettina erst die wuchtige, stromlinienförmige Erscheinung, die auch heute noch umgangssprachlich und verniedlichend »Dampfer« genannt wird.

Bettina stand im Schiffsfoyer am Tresen. Die Crew gab sich alle Mühe, war zu jedermann ausgesprochen höflich, auch da, wo es schwerfiel. Es dauerte trotzdem ein bisschen länger als die gefühlte innere Erwartung. Macht nichts. Bettina hatte sich auferlegt, sich durch nichts, aber auch gar nichts aus der Ruhe bringen zu lassen. Ein edler Vorsatz, der auch in der kürzesten Warteschlange anstrengend werden kann. Eine ältere Dame, weiße Hose, marineblaues Jackett, blau-weiß-aus-der-Zeit-fallendes, quergestreiftes T-Shirt, sprach sie an: »Sie waren vor mir da?« »Ja«, antwortete Bettina, »ich war vor Ihnen da.« Und um ihrer sprichwörtlichen Gelassenheit demonstrativ Ausdruck zu verleihen, legte sie nach: »Aber das macht nichts, ich habe genügend Zeit.« Nein, so wollte die ältere Dame das auch nicht verstanden wissen. »Ich habe auch Zeit, aber das dauert doch schon ziemlich lange«, moserte die ältere Dame. Bettina verneinte: »Das ist normal, wenn 2.000 Leute an Bord sind.« »Tja«, meinte da die ältere Dame, »es sind wahrscheinlich zu viele Passagiere an Bord.« Bettina drehte sich um und verließ die Schlange. Diesen Dialog wollte sie nicht weiterführen.

Bettina fragte sich in der ihr eigenen Art, ob sie hier wohl am rechten Platz sei. Nein, sie wohnte keiner

Theateraufführung bei. Sie war an Bord eines Kreuzfahrtschiffes und hatte David Foster Wallace noch immer nicht gelesen. »Warten wäre an sich nicht so schlimm, wenn alle des Wartens fähig wären«, ereiferte sie sich. »Das ist aber offensichtlich immer weniger der Fall. Und je älter die Menschen werden, umso deutlicher drücken sie das aus.« Eine verkehrte Welt also. Alte und Weise müssten doch eigentlich die Helden des Wartens sein. Jedenfalls wusste Bettina das aus der griechischen Mythologie. Penelope wartete 20 Jahre auf die Rückkehr ihres Mannes Odysseus. Sie wartete geduldig und es wäre ihr nie in den Sinn gekommen, Fremde zu fragen: »Sie waren vor mir da?«

Es gibt keine Garantie, ob sich das Warten lohnt. Man weiß es erst hinterher, retrospektiv sozusagen. Aber auf einem Kreuzfahrtschiff ist Warten angesagt, nicht wirklich, aber eben doch ein bisschen. Und für manche ein bisschen zu lang. Zeit ist halt doch ein knappes Gut, jedenfalls im richtigen Leben. Aber Bettina wollte das richtige Leben an Bord des Schiffes abstreifen. Sie hatte es so geplant. Zeit sollte für sie in den nächsten zehn Tagen ein sich ständig vermehrendes Gut sein: »Je mehr man sich nimmt, umso mehr steht einem zur Verfügung«, philosophierte sie über ihre neue Urlaubseinstellung. Ein völlig unökonomisches Prinzip, das auch Bettina nicht immer durchhalten konnte. Aber sie gab sich Mühe. An der Reling stehen, alleine auf das Wasser schauen, den Möwen eine lange Nase drehen, ja das half ihr schon. Die Sonnenaufgänge und die Sonnenuntergänge, die traumhaften Bilder. Für Bettina einfach wunderbar und beliebig wiederholbar.

Die Wirklichkeit ist grausamer. Als das Warten beendet war, jeder seine Kabine hatte, kam über die Lautsprecher die Durchsage, dass in einer halben Stunde für alle verbindlich eine Rettungsübung anstehe. »Sammeln sie sich an Deck, ziehen sie die Schwimmwesten über, merken sie sich die Stellen der Rettungsringe und schauen sie beim Wassern der Rettungsboote zu.« Es musste wohl sein, Vorschrift eben. Na klar, und beim Schiffsuntergang will auch Bettina zu den Überlebenden gehören. Sie ist ja nicht auf der »Costa Concordia« oder der »Titanic«.

Bettina ging zurück in ihre Kabine und machte sich erst einmal über den Obstkorb her. Dann legte sie sich auf das weiche Bett, strich mit der linken Hand durch ihr dichtes Haar und schloss die Augen. Vielleicht war es eine Stunde, vielleicht waren es auch eineinhalb Stunden, die sie geschlafen hatte. Auf Deck 12 sollten die Hängematten sein, das hatte sie schon erfahren. Und genau da musste sie jetzt hin: Baumeln im Wind auf einem Riesendampfer. Und von niemandem gestört werden, das war ihr Ziel.

Tatsächlich, die Hängematten waren da, das Deck menschenleer und beinahe noch jungfräulich. Ein Traum. Bettina versank in der Kuhle der Matte und atmete tief durch. Ja, das war es. Jedenfalls für eine kurze Weile. Denn dann stapften ein mittelgescheitelter, großgewachsener Herr und eine etwas überdrehte, hochtoupierte, kleiner gewachsene Dame die Treppe hoch. Und sie taten, was Mann und Frau so tun, wenn sie schon lange zusammen sind: Sie stritten sich, wurden sich nicht handelseinig, welche Hängematten sie nehmen, in welche Windrichtung sie ihre Nase halten sollen und wie man den Bordkellner nach Champagner rufen könnte. Bettina wollte sich nicht stören lassen, sie hatte es sich ja vorgenommen. Aber es ging nicht. Spätestens, als sie aus dem immer heftiger werdenden Dialog der beiden Quälgeister die Zahl der Enkelkinder und ihre Marotten, die Schwiegertöchter samt deren Lebenswandel und die körperlichen Leiden des Ehepaares kannte, machte sie sich wieder auf den Weg in ihre Kabine. Sie legte sich auf das Bett und trommelte mit den Fingern auf ihren Bauch. »Gott-sei-Dank, dem Schiffsfotografen konnte ich beim Runtergehen von Deck 12 noch ausweichen«, war sie sichtlich zufrieden.

In der Kabine lag ausreichend Literatur. Bettina griff sich, zu ihrer Schiffsreise passend, ein »mare«-

Heft. »Heavy Metal Cruise Karibik«, das schien jetzt die richtige Lektüre: »Es ist gemeinhin ein erhabener Moment, wenn ein Passagierschiff aus dem Hafen läuft. Die Leinen los, das Ufer schwindet, in die Ferne schweift der Blick, die Hoffnung. Der Mensch an Bord kann sich dem schwer entziehen, auch wenn er nur kurz Urlaub macht, bei einer Kreuzfahrt, fünf Tage, westliche Karibik, Jamaika, Grand Cayman und das blaue Meer.« So begann die Geschichte und das kannte sie ja. Nur, dass sie jetzt nicht in der Karibik weilte, sondern auf dem Weg nach Stockholm war. Aber dann kam in der »mare«-Geschichte etwas, was sie nicht kannte, was ihr aber irgendwie bekannt vorkam: »Are you ready to Rock'n'Roll?« »Ein markerschütternder Schrei, ein Gitarrenakkord von der Gewalt eines Schwertransports, ein Donnerschlag auf die Basstrommel, das Wasser im Pool zittert.« Die Geschichte handelte von einer sogenannten Mottokreuzfahrt, also in diesem Fall von einer Heavy Metal-Kreuzfahrt – und dahin hatte sich eine 57jährige Immobilienmaklerin mit ihrem Mann verirrt: »Die fünf Tage hier, das ist mein Jahresurlaub. Ich arbeite hart. Ich brauche Entspannung. Hätte ich das gewusst, ich hätte niemals diese Kreuzfahrt gebucht.«

Es war die Geschichte von einem Missverständnis, in der amerikanische Mittelschichtsurlauber auf Männer mit tätowierten Armen und Bierflaschen in der Hand sowie schwerbrüstigen Frauen mit nur nahezu bekleideten Körpern trafen. Die Kellner aus Osteuropa sprachen kaum Englisch. Einfach die Hölle. Aber Bettina zog sich die Abenteuergeschichte rein – und wirkte zufrieden. Dieses Missverständnis gab es jedenfalls auf ihrem Schiff nicht, wohl aber Bloody Mary, Whisky und Bier. Und nicht die Hitze der Karibik. Ein seltsames Publikum, ja. Aber kein sich »täglich verstärkender Kollektivzustand exzessiver Trägheit oder trägen Exzesses«, wie auf der »Poesia«, dem Schiff, das mit Heavy Metal am Passagierterminal Fort Lauderdale ablegte und über Coco Cay Bay und Nassau auf den Bahamas wieder nach Fort Lauderdale zurückkehrte.

Bettina hatte sich neu sortiert. Die Lektüre half. Sie war am richtigen Platz zur richtigen Zeit mit Menschen, die offensichtlich wie sie sozialisiert waren. »Es geht doch überwiegend normal hier auf dem Kreuzfahrtschiff zu«, gestand sie sich ein. »Nicht so wie auf der »Poesia«, dort, wo Leib und Seele nichts mehr zusammenhält.« Bettina zog sich um, ging zum Dinner und bestellte eine Flasche Chateau Pétrus, Jahrgang 1997, gerade noch erschwinglich für ihr Portemonnaie. Der Schiffskellner zeigte sich angenehm überrascht von ihren Weinkenntnissen, musste aber passen: »Sorry, wir haben leider nur noch den 98er Jahrgang an Bord.

Ich kann Ihnen den aber zum Preis des 97er Jahrgangs servieren.«

Bettina sagte ob des großzügigen Angebots zu. Die anderen Gäste am Tisch staunten, die meisten konnten mit ihrer Bestellung nicht viel anfangen. »Wollen wir nicht erst mal eine Magnum-Flasche für uns alle bestellen?«, ölte ein bärtiger Endsiebziger in die Tischrunde. Bettina lachte: »Eine Magnum-Flasche für acht Leute? Von dieser Sorte? Also bitte.« Sie bestand auf ihrer Wahl – und auf dem 98er Pétrus allein für sich. Das wollte sie sich jetzt einfach gönnen.

Die Gespräche, die man ihr von nun an aufdrängte, die dilettierenden Fragen zu ihrer Weinbestellung, nach ihrer Karriere und wo ihr Mann abgeblieben sei, prallten an ihr ab. Sie wischte alles mit einem Lächeln weg und spielte die heitere Kreuzfahrerin. »Denn so sind die Spielregeln: Ich muss mich entscheiden – und später damit leben, dass ich meine Entscheidungen bereue.« Wo hatte sie das nochmal her? Es fiel ihr nicht mehr ein.

Bettina bereute nichts. Sie war auf einem luxuriösen Kreuzfahrtschiff in der Ostsee und zahlte für das Privileg, jede Verantwortung an die Profis des Reiseveranstalters abgegeben zu haben.

»Selten sind Werbesprüche so wahr wie in den Prospekten der Kreuzfahrtanbieter«, ließ Bettina in einem

Moment verlauten, in dem am Tisch zufällig alle still waren. Die Tischgäste verstanden nicht, was sie meinte. Sie wollte eigentlich auch niemanden damit ansprechen. Nur der bärtige Endsiebziger gab in seinem Bemühen um Geselligkeit keine Ruhe: »Wollen wir nicht doch eine Flasche für uns alle bestellen?« Seine Worte gingen im erneut einsetzenden Redeschwall am Tisch unter.

Als der Wein kredenzt war und jeder sein gefülltes Glas vor sich stehen hatte, beugte sich der Alte zu Bettina hinüber. Ob er denn von ihrem so besonderen Wein einmal kosten könne? Sie verweigerte ihm das Glas und bat kalt lächelnd um Verständnis.

490 Euro kostete die Flasche. »Ein Schnäppchen angesichts der Marktpreise für den 98er«, rutschte ihr verschmitzt über die Lippen. Aber das mit dem Schnäppchen verstand er auch nicht.

ISBN 978-3-86351-091-6

Lektorat: Petra Wägenbaur, Tübingen.
Umschlaggestaltung: Christiane Hemmerich
Konzeption und Gestaltung, Tübingen.
Herstellung: Horst Schmid, Mössingen.
Satz: CompArt, Mössingen.
Gesetzt mit der Adobe Caslon Pro.
Druck und Einband: Pustet, Regensburg.

Mehr über das Verlagsprogramm von Klöpfer & Meyer
finden Sie unter *www.kloepfer-meyer.de*